AIDAN CHAMBERS

DIGA-ME

AS CRIANÇAS,

Conselho Editorial de Educação

José Cerchi Fusari
Marcos Antonio Lorieri
Marcos Cezar de Freitas
Pedro Goergen
Terezinha Azerêdo Rios
Valdemar Sguissardi
Vitor Henrique Paro

Dados Internacionais de Catalogação na Publicação (CIP)
(Câmara Brasileira do Livro, SP, Brasil)

Chambers, Aidan
　Diga-me: as crianças, a leitura e a conversa / Aidan Chambers; tradução Juliana Chieregato Pedro; revisão técnica Adriana Pastorello Buim Arena, Raquel Pereira Soares. – 1. ed. – São Paulo: Cortez, 2023.

　Título original: Tell Me: children, reading & talk with The Reading Environment: how adults help children enjoy books
　Bibliografia.
　ISBN 978-65-5555-408-3

　1. Crianças – Livros e leitura 2. Incentivo à leitura 3. Leitura – Desenvolvimento I. Arena, Adriana Pastorello Buim. II. Soares, Raquel Pereira. III. Título.

23-161749　　　　　　　　　　　　　　　　　　CDD-028.55

Índices para catálogo sistemático:

1. Crianças: Livros e leitura 028.55

Cibele Maria Dias – Bibliotecária – CRB-8/9427

AIDAN CHAMBERS

DIGA-ME

AS CRIANÇAS, A LEITURA E A CONVERSA

Tradução
Juliana Chieregato Pedro

Revisão Técnica
Adriana Pastorello Buim Arena
Raquel Pereira Soares

1ª edição
1ª reimpressão

DIGA-ME: As crianças, a leitura e a conversa
Título original: Tell Me: children, reading & talk with The Reading Environment:
　　　　　how adults help children enjoy books (Reino Unido, Thimble Press, 2011)
Aidan Chambers

Capa: de Sign Arte Visual
Preparação de originais: Agnaldo Alves
Revisão: Gabriel Maretti
　　　　　Tuca Dantas
Assistente editorial: Gabriela Orlando Zeppone
Diagramação: Mauricio Rindeika Seolin
Coordenação editorial: Danilo A. Q. Morales
Direção editorial: Miriam Cortez

Nenhuma parte desta obra pode ser reproduzida ou duplicada sem autorização expressa do autor e do editor.

© 2023 by Autor

Direitos para esta edição
CORTEZ EDITORA
R. Monte Alegre, 1074 – Perdizes
05014-001 – São Paulo-SP
Tel.: +55 11 3864 0111
editorial@cortezeditora.com.br
www.cortezeditora.com.br

Impresso no Brasil – abril de 2024

O objetivo não é colocar em nossa mala de viagem apenas o melhor que foi pensado e dito, mas encontrar formas de conversas críticas que melhorem o alcance, a profundidade ou a precisão de nossas apreciações... um tipo de conversa que pode chegar a algum lugar – não apenas o compartilhamento de opiniões subjetivas, mas uma maneira de aprender uns com os outros...
Wayne C. Booth, *The Company We Keep*

A palavra escrita pode cair nas mãos de qualquer idiota ou tolo. Somente em certos tipos de conversa pessoal podemos esclarecer completamente aquilo que foi dito um para o outro.
Iris Murdoch, *Metaphysics as a Guide to Morals*

Uma nova descrição da leitura pode mudar o que é ler; certamente deve mudar a maneira como a encaramos... Suponha que agora comecemos a falar de leitura em termos de diálogo e desejo; isso não seria um melhor começo?
Margaret Meek *in New Readings: Contributions to an Understanding of Literacy*

Nota: Alguns dos livros discutidos pelas crianças nas transcrições citadas nas páginas a seguir estão esgotados e podem não ser fáceis de obter. Tentei, portanto, escolher trechos que não requeiram um conhecimento detalhado do livro para entender o que está sendo dito pelo professor e como as crianças lhes respondem. O essencial é manter o que as crianças dizem e como o professor lida com a conversa.

Sumário

Nota de tradução 8
Prefácio 11
Introdução 16
1. "Diga-me", o início 19
2. Três situações compartilhadas 23
3. Quatro modos de fala 29
4. Crianças são críticas? 36
5. Crianças sendo críticas 39
6. Comunicando de maneira respeitável 53
7. Por que "Diga-me"? 56
8. O que significa? 58
9. Como você sabe? 63
10. Selecionando o texto 70
11. Lendo o texto 81
12. Destacando 85
13. A estrutura das perguntas "Diga-me" 96
14. Cenas do "Diga-me" em ação 107
15. Jogos com "Diga-me" 134
Nota de encerramento 140
Referências 141
Sobre o autor 143

Nota de tradução

A tradução da obra *Tell Me: Children, Reading and Talk* (*Diga-me: As crianças, a leitura e a conversa*), de Aidan Chambers (2011), para o português brasileiro se delineou ao longo dos estudos desenvolvidos com a obra de Chambers no âmbito das ações do grupo de pesquisa Lecturi, da Faculdade de Educação da Universidade Federal de Uberlândia (UFU), entre 2018 e 2019, a partir de um intercâmbio com a Universidade de Saragoza – Campus Huesca, especificamente com o grupo de estudos da professora Rosa Tabernero-Sala. Optou-se por fazer a tradução do texto em inglês, língua original da obra, e, em seguida, o cotejamento da tradução e da revisão com a versão traduzida para o espanhol, *Dime: los niños, la lectura e la conversación*.

Em 2018, um intercâmbio acadêmico entre a então doutoranda Raquel Pereira Soares, do programa de pós-graduação em Educação da Faculdade de Educação da UFU, e a professora Rosa Tabernero-Sala, docente no Departamento de Didáticas de Línguas e de Ciências Humanas e Sociais da Universidade de Saragoza – Campus Huesca, possibilitou o estreitamento de laços entre o grupo de pesquisa Lecturi e o grupo de pesquisa ELLIJ (Educación para la Lectura. Literatura Infantil y Juvenil y Construcción de Identidades). Ao tomar conhecimento das obras estudadas pelo grupo espanhol na área de Educação e leitura literária, literatura infantil e juvenil e na construção de identidades no discurso literário, desejou-se trazer para o público brasileiro mais uma possibilidade de prática metodológica para promover a educação literária.

Aidan Chambers foi professor de Inglês e Dramaturgia entre 1950 e 1960 em escolas secundárias da Inglaterra. A partir de 1968, tornou-se autor de ficção e promotor de discussões acerca de literatura e leitura. Possui um site oficial de divulgação de suas obras (http://www.aidanchambers.co.uk/), entre as quais se encontram livros de literatura, mas também livros acadêmicos sobre educação literária. Muitas de suas obras já foram traduzidas para diversas línguas. *Tell Me: Children, Reading and Talk* (*Diga-me: as crianças, a leitura e a conversa*) está entre seus livros mais lidos e bem-sucedidos. Foi traduzido para sete idiomas, com edições especialmente adaptadas para os Estados Unidos (EUA), publicadas pela Stenhouse Publishers (CHAMBERS, 2020).

O livro escolhido para a tradução oferece informações práticas, fundamentadas em uma teoria claramente explicada sobre a leitura de livros literários na sala de aula, ao detalhar alguns dos processos e descrever regras básicas para as sessões de educação literária desenvolvidas por profissionais experientes. Apresenta um repertório de perguntas que ajudam os leitores a falar sobre sua leitura. Os pequenos leitores começam a compartilhar suas observações mais óbvias e logo acumulam um corpo de entendimento em que revelam o coração do texto e seu significado para todos. Este apresenta, com muitos exemplos práticos, o ambiente e as atitudes de um leitor literário. *Tell me* é mais uma ferramenta metodológica que dará suporte aos encontros dos alunos com os livros na escola e permitirá a eles que se tornem leitores atenciosos e dispostos, que gostam de ler.

Por esse motivo, assumiu-se que traduzir *Tell me* (*Diga-me*) e disponibilizá-lo para o público brasileiro era necessário e urgente. Optou-se pela tradução em colaboração. Os três membros da equipe possuem conhecimentos específicos nas áreas de língua estrangeira – a saber, o inglês e o espanhol –, de literatura e da proposta teórica de Chambers (2011). O texto-base da tradução foi a obra publicada em inglês, primeira língua do autor, para garantir que não haja desvios de interpretação. Entretanto, entre as nove versões já publicadas em outras línguas, escolheu-se a do espanhol como elemento de cotejamento para a tomada de decisões no exercício da revisão.

A obra em inglês usada para a tradução é composta por dois livros: o primeiro é *The Reading Environment*, ainda sem tradução para o português brasileiro; seguido por *Tell Me: Children, Reading and Talk* (*Diga-me: as crianças, a leitura e a conversa*). Os volumes combinados foram publicados em 2011 pela editora The Thimble Press.

Desde suas primeiras publicações, o *The Reading Environment*, em 1991, e o *Tell Me: Children Reading and Talk* (*Diga-me: as crianças, a leitura e a conversa*) são reimpressos e com frequência usados juntos. Logo, à luz do aniversário de vinte anos do *The Reading Environment*, foi decidido pelo autor que suas atualizações deveriam ser editadas em um só volume, ampliando e enfatizando suas conexões. É por isso que, em notas de rodapé, haverá algumas referências ao *The Reading Environment* da exata forma, como Chambers redigiu, conotado como Parte Um.

Obra original:
CHAMBERS, Aidan. *Tell Me*: Children, Reading and Talk with The Reading Environment: How adults help children enjoy books. United Kingdom: Thimble Press, 2011.

Obra traduzida para cotejamento:
CHAMBERS, Aidan. *Dime:* los niños, la lectura y la conversación. Traducción Ana Tamarit Amieva. México: FCE, 2007. Colección Espacios para la lectura.

Prefácio

Há uma questão que une seres humanos das mais diversas origens: nós não conseguimos nos compreender completamente. Aqui, a arte em forma de literatura pode mostrar sua qualidade. Em diversos casos, um livro delicioso conhece-nos melhor que nós mesmos e é capaz de providenciar um relato – algumas vezes, mais preciso do que qualquer um que pudéssemos ter sido capazes de produzir – do que acontece em nossas mentes. Nas melhores histórias, temos a impressão de encontrarmos fragmentos de nós mesmos, evocados com rara nitidez e tenacidade. Chegamos a nos perguntar como o autor poderia ter conhecido certas coisas profundamente pessoais sobre nós.

É incrível perceber que quanto mais escritores lemos, mais cresce nossa compreensão de nossas próprias mentes e de nossa realidade. Todo grande autor pode ser saudado como um explorador de novos e misteriosos cantos do ser. Alguns exploradores descobrem continentes, outros passam a vida mapeando perfeitamente uma ou duas pequenas ilhas. Todos merecem ser festejados por corrigir a ignorância em que nós, de uma forma ou de outra, vagamos pelo mundo.

Não é apenas sobre nós mesmos que aprendemos por meio da leitura. É, também, sobre a mente de estranhos, especialmente, sobre os quais não conseguiríamos – no curso comum das coisas – aprender muito. Com novas perspectivas em mãos, aprendemos sobre uma vida familiar europeia, sobre ser um adolescente no Irã, sobre uma escola na Síria, ou sobre um casal apaixonado na época do xogunato japonês. Graças a tudo isso, temos uma oportunidade de ouro para nos poupar tempo e erro. A literatura acelera anos, pode nos conduzir por uma vida inteira em um dia e, assim, permite-nos estudar as consequências, a longo prazo, de decisões que – em nossa própria vida – ocorrem de forma lenta. Do grande herói que se sacrifica até o velho ranzinza que morre de solidão, a literatura consegue dar voz a todos os ensinamentos que esses personagens trazem em seu cerne. Ler uma história é o melhor simulador de realidade que temos; uma máquina que nos possibilita experimentar com segurança os cenários mais chocantes que, numa situação real, poderiam acarretar anos perdidos e perigos para obter uma sensação semelhante.

Fischer (1982, p. 9) propõe que "O problema principal da arte do nosso tempo, em que estala por todas as juntas a armadura do capitalismo, é criar uma ponte nova entre o povo e o artista – e por povo entenda-se todo mundo, todos os não artistas". O autor tenta imprimir uma noção de arte voltada para a transformação mental e social humana, não importando a beleza, a quantidade de venda ou até mesmo a importância dada a ela no seu momento de divulgação. O cerne da arte está em uma conexão entre a visão de mundo do artista e seu público.

De forma frígida, podemos tentar entender a arte como a expressão ou aplicação da habilidade e imaginação humanas, tipicamente em uma forma visual como a pintura, escultura ou literatura, produzindo obras para serem apreciadas sobretudo por sua beleza ou poder emocional. Contudo, a beleza e a emoção são sensações demasiado dependentes da subjetividade. É impossível definir, com unanimidade, se há encanto ou aversão em uma obra voltada para mera apreciação, sem uma utilidade funcional aparente. É preciso estender o diálogo que aborda a essência da arte para além do romantizado senso comum do mero entretenimento e escape da realidade, desejado pelo ser humano, de sua rotina enfadonha ao sentir-se elevado a uma diferente realidade, presente somente no mundo imaginário. Sobre a visão romântica, existente da arte, Fischer (1982, p. 13), procurando estabelecer um diálogo acerca da função da arte além do embelezamento para deleite do ser humano, escreve:

> Essa definição da arte como o meio de tornar-se um com o todo da realidade, como o caminho do indivíduo para a plenitude, para o mundo em geral, como a expressão do desejo do indivíduo no sentido de se identificar com aquilo que ele não é, essa definição não será talvez demasiado romântica? Não será temerário concluir, com base no nosso próprio senso de identificação quase histérico como um herói de um filme ou de um romance, que seja esta a função universal e original da arte? Não conterá a arte, também, o contrário dessa perda dionisíaca de si mesmo? Não conterá a arte igualmente o elemento "apolíneo" de divertimento e satisfação que consiste precisamente no fato de que o observador não se identifica com o que está sendo representado e até se distancia do que está sendo representado, escapa ao poder direto com o que a realidade o subjuga, através da representação do real, e liberta-se na arte do esmagamento em que se acha sob o cotidiano?

Fischer não considera um ultraje a apropriação da arte como forma de divertimento. Ao contrário: é permitido ao público e ao artista divertirem-se com a breve fuga dos fatos habituais e manipular a arte para o entretenimento ou distração. Em outro parágrafo, Fischer (1982, p.14) aponta que, no momento da apreciação da obra, "[...] os laços da vida são temporariamente desfeitos, pois a arte cativa de modo diferente da realidade, e este agradável e passageiro cativar artístico constitui precisamente a natureza do 'divertimento', a natureza daquele prazer que encontramos até nos trabalhos trágicos". Contudo, é também Fischer (1982, p. 18) quem afirma que "[...] a arte é necessária para que o homem se torne capaz de conhecer e mudar o mundo. Mas a arte também é necessária em virtude da magia que lhe é inerente". Caminhamos para a compreensão de que há algo na arte que a torna mais essencial ao ser humano que o entretenimento.

Arte é algo produzido por humanos, para humanos, e provoca transformações nas mais diversas dimensões. Apesar da negação de diversos autores em atribuir utilidade para obras artísticas, existem claras funções intrínsecas à arte para uma sociedade. Nas palavras de Fischer (1982, p. 15), "[...] no mundo alienado em que vivemos, a realidade social precisa ser mostrada o seu mecanismo de aprisionamento, posta sob uma luz que devasse a alienação do tema e dos personagens". A função de mostrar a realidade em sua forma crua, com o incentivo do despertar de sensações num público, já demonstra a incrível essencialidade da arte na sociedade contemporânea. O homem precisa da arte para conhecer e transformar sua realidade.

Assim como na pintura, escultura ou música, temos, na literatura, a expressão da arte em forma de linguagem. Um pintor usa tinta, um músico usa instrumentos musicais, um escultor usa pedra e cinzel e um escritor usa palavras, sejam elas escritas ou faladas.

É função do autor, como artista, descrever as realidades com a estética que lhe convém para demonstrá-la ao leitor. A literatura agrupa sabedorias ao demonstrar a natureza múltipla que é a cultura em seu todo. Isso nos lembrará de que pode haver contradições – às vezes, conflitos irredutíveis – entre os valores que mais prezamos. Ao lermos uma obra-prima, temos o prazer de encontrar reflexões que desprezamos, alegrias e tristezas que havíamos reprimido e todo um mundo de sentimentos que havíamos ignorado.

A sociedade capitalista, com frequência, proclama sua enorme estima pela cultura e pelas artes. Entretanto, também, há um senso estrito do que a apreciação apropriada das artes deveria envolver. O prestígio da leitura costuma estar associado à aquisição de conhecimento técnico, à obtenção de qualificações avançadas nas humanidades, ao conhecimento de detalhes históricos e a respeito dos cânones. De modo insólito, o que, em geral, não somos encorajados a fazer é conectar as obras da cultura com o que há de mais íntimo em nossas próprias vidas. Há os que considerem vulgar buscar consolo pessoal, encorajamento ou até mesmo diversão na cultura. Curiosamente, o poder da cultura aparece, na verdade, quando contamos com ela na busca de crescimento pessoal. Talvez, em vez de nos concentrarmos no que uma obra de arte poderia nos dizer sobre o tempo e o lugar em que foi feita ou sobre a pessoa que a criou, devêssemos desenvolver a confiança para conectar obras-primas culturais com nossos próprios dilemas e sofrimentos.

Esse impasse acerca do tratamento designado à cultura e, por consequência, à leitura, em escolas em aulas de Português ou de Literatura, pode minar o verdadeiro interesse do estudante. É normal e humano que, ao ter sua realidade ignorada e seus gostos e anseios desprezados, a criança passe a enxergar a literatura como um mero dever. É necessário encontrar o melhor entre esses dois mundos: uma literatura prazerosa, própria para suas realidades, mas que, ao mesmo tempo, seja também algo de qualidade, que instigue, que provoque, que lhes ensine algo sobre eles próprios e sobre outros mundos.

Proporcionar material relevante de leitura desde a educação básica é uma ótima ferramenta para auxiliar na formação de mentes críticas e com sede crescente de conhecimento. É estimulante para a criança conversar sobre a leitura de livros literários e, portanto, o professor pode usar a conversa como uma ferramenta pedagógica. É disto que o enfoque "Diga-me" trata: como colocar a criança em sessões de conversas literárias?

Juliana Chieregato Pedro

Referências

FISCHER, Ernst. *A necessidade da arte*. 9. ed. Rio de Janeiro: LTC, 1982.

Introdução

Nossa era é a da conversa. Nunca se falou tanto. O telefone, os blogs, as mensagens de texto digitais e em áudio, o rádio, a televisão e o cinema aumentaram nossas oportunidades de falar um com o outro não somente quando estamos juntos, mas transpondo a distância e o tempo. Costumava-se ensinar a ver as crianças, não a ouvi-las. Agora, adultos são criticados por não ouvirem suficientemente as crianças, que são encorajadas a expressar suas opiniões dentro e fora das escolas.

Nos dias atuais, todos somos julgados pelo quanto somos articulados – não que falemos melhor ou ouçamos com mais cuidado do que pessoas em tempos menos voláteis.

"Diga-me" foi feito para ajudar crianças a falar bem (o que quero dizer com "bem" ficará mais aparente, assim espero, ao longo do caminho), e falar bem não apenas sobre livros, mas sobre qualquer texto, desde signos de uma só palavra até a escrita que chamamos de literatura, gênero textual no qual me concentrarei.

Não me interesso na fala por ela mesma, mas na parte dela que atua na vida de pessoas que discriminam, que pensam e que amam leitura. Também creio que a conversa é essencial em nossas vidas, não somente porque a maioria de nós é como no ditado *não sabemos o que pensamos até que ouçamos o que falamos*, contanto, é claro, que saibamos falar bem, em vez de simplesmente despejar palavras em uma mistura impensada que não nos leva a lugar algum.

Falar bem sobre livros é uma atividade valiosa por si só, mas é também a melhor forma de ensaio que há para falar sobre outras coisas. Então, ao ajudar crianças a falar sobre suas leituras, nós as ajudamos a se articularem sobre todos os outros assuntos de suas vidas.

Na era da conversação, o que poderia ser mais útil?

Uma vez visitei uma classe de crianças de 10 anos de idade no Canadá que falavam tão bem sobre suas leituras, que um educador admirado pediu à professora suas anotações. "Bom", ela respondeu, "se levar a mim e a todos os livros dessa sala, e deixar-me fazer com suas crianças o que fiz com essas nos últimos meses, você terá minhas anotações."

Ensinar leitores, sejam adultos ou crianças, como falar bem não é algo que se alcance em poucos dias. Nem é também uma troca comercial programática que pode ser expressa em lições mecânicas, com passos um, dois e três, que qualquer um pode usar com sucesso. Até escrever extensivamente sobre isso não é satisfatório. O fato é que aprendemos a falar bem ao fazê-lo com pessoas que já o saibam, assim como a melhor forma de aprender a ensinar é trabalhando com professores experientes. Como leitores, assim como falantes, professores são todos aprendizes. Assim também o é com todas as atividades de execução baseadas em criação artesanal, a única coisa útil que posso fazer é delimitar as regras desenvolvidas por praticantes experientes, explicar alguns dos processos e oferecer informações práticas. O resto (arte e essência) somente pode ser aprendido ao fazer-se. Não há uma forma rápida e não há outra forma que não seja a prática.

Pela minha experiência, posso afirmar que a melhor forma é começar por nós mesmos, como leitores e falantes. Estive uma vez em um pequeno grupo de professores que objetivavam melhorar nosso ensino de crianças como leitoras, quando descobrimos o quão importante é a conversa nesse processo. Disso, desenvolveu-se o que se tornou conhecido como o enfoque "Diga-me".

Por favor, note: um enfoque – não um método, não um sistema, não um programa esquemático. Não se trata de um rígido conjunto de regras, mas, simplesmente, de um modo de perguntar questões particulares que cada um de nós pode adaptar para melhor combinar com nossa personalidade e as necessidades de nossos estudantes.

Este livro cresceu dessa base, refinado e expandido por maiores trabalhos realizados por mim e por outros professores que me reportaram suas experiências – desde aqueles que trabalhavam no ensino infantil até os da educação primária, secundária, universitária, orientadores de pós-graduação e professores em serviço.

Claro que todo ensino prático necessita ser cuidadosamente embasado em teoria. O enfoque "Diga-me" nasceu de lições aprendidas no estudo da fenomenologia da leitura (Wolfgang Iser nos ajudou aqui), junto com a teoria da recepção, os *insights* da teoria crítica feminista (especialmente o que é dito sobre discurso cooperativo) e os escritos de vários pensadores, incluindo, em especial, Roland Barthes, Jonathan Culler, Jerome Bruner, Margaret Meek e Wayne C. Booth.

Mais um ponto a ser introduzido: há uma correlação entre a riqueza do ambiente de leitura em que os leitores vivem e a riqueza de suas falas sobre o que leram. Como explicado na Parte Um[1], as crianças são cercadas por livros bem escolhidos e arrumados, lidos para elas em voz alta todos os dias, e delas espera-se que leiam por si mesmas, encorajadas a bater papo entre elas e seus professores sobre suas leituras, bem-preparadas para entrarem em conversas formais no enfoque que aqui pensamos. Aqueles para quem não é dada a devida atenção, em geral, não respondem tão prontamente ao enfoque "Diga-me".

Qualquer professor que mergulhar de cabeça em sessões do enfoque "Diga-me" e descobrir que as coisas não vão tão bem, não deve culpar a abordagem antes de considerar o histórico de leitura e do ambiente dos estudantes, bem como o do professor envolvido.

---

1 Explicação dada na nota de tradução. (Nota da Tradutora)

Capítulo 1

"Diga-me", o início

Onde a conversa "se encaixa" no que alguns especialistas chamam de "processos de leitura"? Que tipo de conversa eu proponho?

Quando desenhei o Círculo de Leitura[2], há muitos anos, ele não incluía os elementos de "conversa formal" e de "bate-papo[3] sobre o livro". Não tínhamos percebido que estes tinham um lugar. Mas, ao longo dos anos, quando eu e meus colegas examinamos mais de perto todo o processo, percebemos que o Círculo de Leitura era como um mapa desenhado por pessoas que pensavam que o mundo da leitura era plano.

Foi assim que vimos: suponha que uma criança selecione uma história de Enid Blyton (ou qualquer outro escritor muito prolífico que tenha produzido

---

2 O esquema do Círculo de Leitura se encontra na obra *The Reading Environment*. (Nota da Tradutora)

3 O autor emprega a palavra *gossip*, que escolhemos traduzir por *bate-papo* para marcar o teor informal que o autor deseja transmitir. (Nota da Tradutora)

todos os tipos de histórias, desde os livros mais simples para bebês até os romances voltados para adolescentes), acomode-se e leia, goste tanto que ela busque outro livro do mesmo autor, leia, encontre outro e assim por diante. De acordo com o nosso mapa, estávamos observando um leitor que muitos professores considerariam um sucesso. Mas é claro que estávamos desconfortáveis. A leitura exclusiva e repetitiva de qualquer tipo de livro ou escritor é a leitura de mundo plano. O leitor talvez nunca entenda (ou, pior ainda, talvez não queira reconhecer) o mundo redondo, plural, diverso e multifacetado.

Aqueles que enxergam o mundo de forma plana resistem a qualquer convite para explorar além das fronteiras do território familiar, por causa dos perigos temíveis que, certamente, estão à espreita na extremidade do seu mundo. Um desses perigos é chamado de tédio. Outro é chamado de dificuldade. Um terceiro, o medo da exaustão (talvez a jornada pelo outro lado – se houver outro lado! – nunca acabe). Existem muitos outros medos conhecidos pelos adultos facilitadores:

"Não consegui passar do capítulo/da primeira página."

"Não é meu tipo de livro."

"Parece longo. Nunca conseguirei terminá-lo."

"Não gosto da capa/título/autor,
capa dura/brochuras/impressão/papel/sensação/cheiro."

"Não há figuras."/"Não gosto das figuras."

"Há muitas palavras difíceis."

"Não tenho tempo."

Etc.

O que transforma pessoas que creem em um mundo plano e leem o mundo desta forma em leitores intergalácticos? Como transformamos um círculo fechado de mente estreita em uma espiral de mente aberta que nos transporta para o universo diversificado da literatura? Nosso grupo de estudo se fez essas perguntas. Éramos bastante parecidos com as pessoas que ensinávamos. Todos nós fomos criados em casas convencionais da classe trabalhadora e da classe média baixa. Todos nós tínhamos frequentado escolas de bairro, onde encontramos uma variedade de competências e de incompetências sempre presentes nesses lugares. Alguns de nós nos desenvolvemos tardiamente como leitores, outros eram devotos ávidos desde a infância. Alguns de nós acreditavam num mundo plano e mudamos.

Havia denominadores comuns em nossa experiência? Alguma coisa nos ajudou particularmente? De fato, éramos leitores de mente aberta? O que nos mantém em espiral agora?

Encontramos rapidamente algumas respostas compartilhadas.

Quando crianças, todos éramos afetados, e ainda somos, pelo que os outros – de quem gostávamos, respeitávamos e escutávamos – comentavam sobre os livros que haviam lido, os quais também lemos por causa do incentivo deles. Todos nós fomos afetados, e ainda somos, pelo que nós próprios falamos, durante uma conversa cotidiana, sobre aquilo que lemos.

Foi por meio do que outras pessoas nos contaram sobre suas leituras, e pelo que nós mesmos dizíamos sobre as nossas, que acreditamos ter descoberto o cerne da questão. Um certo tipo de conversa nos deu a informação de que precisávamos, a energia, o ímpeto e a vontade de explorar além de nossos limites familiares. Todos nós poderíamos falar sobre as lembranças de pessoas que foram particularmente importantes em nossas vidas por essa razão, algumas delas professores. Todos nós poderíamos, por esse motivo, relembrar momentos de conversas sobre livros que impulsionaram nossa leitura para outra volta da espiral literária.

Tente fazer as mesmas perguntas a si mesmo e a colegas de confiança e veja se sua experiência é como a nossa. É óbvio, porém, que nem todas as conversas – e nem todo mundo – funcionam assim. Que tipo de conversa nos afeta e quais são as suas características especiais e afetivas?

Começamos a ouvir as pessoas quando elas estavam batendo papo sobre suas leituras. Examinamos as teorias da leitura e a resposta do leitor. Quanto mais estudávamos, mais nos convencíamos do lugar essencial que a conversa ocupa, até na vida do leitor mais sofisticado, sem falar na parte importante e central que ela desempenha no cotidiano das crianças que aprendem. (Você pode imaginar qualquer criança se tornando uma leitora sem que alguém dissesse a ela alguma coisa sobre todos os livros que poderia escolher e todas as marcas nas páginas que ela estava tentando ler?) Foi sobre isso que, uma vez, o colega Steve Bicknell escreveu para mim:

> Em nossa última reunião, você disse: "O ato de ler está em falar sobre o que você leu". Relembrando minhas anotações de conversas de que participei com crianças, volto sempre a uma observação feita por Sarah, de oito anos de idade (geralmente não notada por sua disposição em arriscar uma opinião na frente de sua classe): não sabemos o que pensamos sobre um livro até conversarmos sobre ele.

Talvez tenha sido, de minha parte, mais provocativo do que totalmente preciso localizar o ato de ler no ato de conversar, mas Sarah, sem dúvida, falou uma verdade que reconhecemos. Se você escutar os bate-papos das pessoas sobre os livros, não encontrará neles uma sequência lógica, mas, se você analisá-los como uma transcrição, o assunto poderá ser dividido em três amplas categorias, que chamo de "Três situações compartilhadas".

Capítulo II

Três situações compartilhadas

Compartilhando entusiasmos

Quando amigos começam a falar sobre um livro, em geral, é porque um deles deseja compartilhar seu entusiasmo. "Acabei de ler este livro incrível", diz ele. "Você já leu?"

Todos conhecemos as variações desse roteiro inicial e como a conversa continua. Se outras pessoas do grupo ainda não leram o livro, querem saber do que se trata. Mas o que significa "do que se trata"? A maioria das pessoas, simplesmente, responde descrevendo o enredo, os personagens ou o cenário da história. O que não falam é sobre o significado. Eles tendem a falar algo como: "Ah, é sobre esses três homens mais velhos que partem em uma viagem de barco abandonando suas famílias e depois...". Com muito menos frequência, eles dizem: "É um romance sobre política familiar e as tensões da família numa vida em uma sociedade pós-feminista". Isto é, eles não resumem o significado, como faria um crítico acadêmico. Em vez disso, eles tendem a recontar a história e falar sobre o que gostaram ou não gostaram – o que pode ser qualquer coisa, desde a natureza da história, dos personagens, do cenário até da forma, da maneira como é contada.

Se os outros leram o livro, a conversa tende a se direcionar imediatamente para o tipo de compartilhamento que começa com trocas como: "Você gostou da parte em que...?" ou "Você não achou engraçado quando...?".

Nos bate-papos do dia a dia, as pessoas parecem adiar a discussão sobre o significado (interpretação e significância) até ouvirem o que seus amigos têm a dizer. Em outras palavras, o significado de uma história emerge da conversa; não é algo dado no início e, então, discutido, o que costuma acontecer em conversas acadêmicas de análises literárias.

Esses amigos que leem livros compartilham dois entusiasmos:

- de que gostaram: entusiasmos acerca de elementos da história que os deixaram satisfeitos e atraídos, surpresos e impressionados, que os fizeram prosseguir lendo;
- de que não gostaram: aborrecimentos em relação a elementos da história que os desagradaram ou que os fizeram adiar a leitura por uma razão ou outra.

É importante entender que os leitores, com frequência, são veementes tanto sobre aquilo de que não gostaram quanto sobre aquilo de que gostaram. Percebe-se esse efeito nos bate-papos. Se os amigos gostam das mesmas coisas e se estão em completo acordo, os bate-papos costumam ser menos interessantes e terminam mais cedo do que se houvesse elementos que inspirassem respostas opostas.

Compartilhando enigmas – dificuldades

Um leitor costuma expressar um aborrecimento sobre elementos da história que o atrapalharam – coisas que ele achou difícil de entender. "O que significava quando...?", ele dirá, ou: "Você entendeu o que aconteceu quando...?". Às vezes, escondemos nosso desentendimento em comentários como "Eu não gostei da maneira como a história terminou, e você?" ou "O personagem do professor não me convenceu, e a você?" ou "O que você achou da cena em que...?".

Um dos amigos tentará formular uma resposta. (Como isso é feito será considerado a seguir em "Compartilhando conexões".) É nessa parte da conversa que o significado – uma interpretação da história – estará obviamente sendo negociado. Os amigos discutem o elemento desconhecido e a explicação sugerida e, com isso, todos entendem (ou entram em acordo para discordar) sobre de que "trata o texto" ou sobre o que "significa" – para aquele grupo de leitores naquele momento.

Digo "para aquele grupo naquele momento" porque um outro grupo de leitores pode descobrir uma interpretação diferente, uma ênfase diferente do significado. Como de fato poderia acontecer com o mesmo grupo, se eles falassem sobre o mesmo livro posteriormente. Os significados de qualquer texto mudam de acordo com o contexto da própria vida dos leitores e de suas necessidades em um determinado momento.

Se você duvida disso, considere, por exemplo, a palavra SAÍDA, ao que parece, simples. Em um cinema ou restaurante, ou em qualquer outro lugar onde a palavra for usada como um sinal acima de uma porta, você esperaria que isso significasse "Este é o lugar por onde posso sair" e não pensaria duas vezes em lê-la dessa maneira se quisesse sair.

Em um avião, quando está em voo, a palavra é usada como um sinal acima das portas. Sabemos, porém, que o mais sensato é não as usar, mesmo que tenhamos vontade de deixar a aeronave, porque sabemos que, naquele momento e naquele local, fazê-lo quer dizer morte.

Se mudanças expressivas no significado contextualizado podem trocar o sentido de uma palavra aparentemente simples como essa – uma palavra que tentamos usar com a menor ambiguidade possível –, tanto mais provável será essa troca com uma história que emprega muitas palavras. De maneiras deliberadamente ambíguas, como todas as histórias fazem, as palavras estarão carregadas de sentidos cujo potencial se tornará real, de acordo com o que diferentes leitores de diferentes grupos em diferentes épocas e lugares descobrirem juntos. Em qualquer texto, por mais simples que seja, sempre há a possibilidade de múltiplos sentidos. Ao compartilhar e resolver dificuldades sobre os elementos intrigantes de uma história, podemos descobrir o que aquela parte da escrita significa para cada um de nós.

Compartilhando conexões – Descoberta de padrões

Resolvemos enigmas, sobrepomos dificuldades ao encontrar conexões importantes entre um elemento e outro dentro de um texto: elementos, por exemplo, de linguagem, motivos, eventos, personagens, símbolos e assim por diante.

Seres humanos não podem suportar o caos, a falta de sentido, a confusão. Nós sempre procuramos conexões, padrões de relacionamento entre uma coisa e outra que construam um sentido que possamos entender. E, se não conseguirmos encontrar um padrão, tenderemos a construir um a partir das diferentes probabilidades e fins que a matéria-prima à nossa frente oferece. Fazemos isso com tudo em nossas vidas, e o fazemos quando lemos.

Só podemos "ler" quando somos capazes de reconhecer, nas marcas das páginas, os padrões chamados palavras e orações. Mas aprender a ler histórias não é apenas uma questão de aprender a reconhecer esses padrões verbais; também é aprender a reconhecer as formas narrativas da história em si.

Pensemos assim: um edifício é feito de blocos, tijolos, pedras, madeira e aço, que podemos perceber quando os vemos. Esses materiais são usados para criar um padrão de quartos novos de diferentes tipos, escadas, telhados, janelas e portas, que, por sua vez, criam diferentes tipos de edifícios: um prédio de escritórios, uma fábrica, uma escola – o que também aprendemos a identificar de acordo com nossa experiência de saber como cada um é usado. Com os textos acontece o mesmo. Eles são construídos com diferentes elementos de linguagem empregados de várias maneiras para criar diferentes tipos de textos. Aprendemos a olhar detalhes de *design* construídos em padrões que nos dizem que tipo de construção, que tipo de história temos diante de nós.

Quando o enfoque "Diga-me" está sendo usado, às vezes, as crianças têm dificuldades para entender o que queremos dizer com "padrões". Tente chamar a atenção deles para os contos populares folclóricos ("Os três filhos[4]", o terceiro

---

4 Esse conto foi publicado em português pela Cosac Naify. GRIMM, Jacob; GRIMM, Wilhem. *Contos maravilhosos infantis e domésticos*. Tradução de Christine Röhrig. São Paulo: Cosac Naify, 2012.

dos quais realiza três testes, a fim de ganhar o prêmio, por exemplo; a repetição em "vou soprar e soprar, até sua casinha derrubar" em "Os três porquinhos"); os padrões de ritmo e rima em uma pequena poesia; os padrões visuais nas ilustrações e na decoração que ajudem a "entender" a imagem. Logo, perceberão e estenderão o alcance de sua descoberta de padrões para outras leituras.

Nem todos os padrões vêm do próprio texto. Há outros padrões extratextuais que podem ser trazidos ao auxílio do leitor. Dois desses e um outro terceiro elemento são importantes para a conversa sobre livros e para a construção de sentido:

- Os críticos chamam o primeiro de *do mundo ao texto*. Isso significa comparar eventos, personagens ou linguagem de uma história com eventos, pessoas e linguagem que o leitor conhece pessoalmente. Trazemos nosso próprio mundo para o texto ao compará-los e descobrimos significados em um ou outro ou em ambos.
- Da mesma maneira, os leitores, às vezes, *comparam um texto com outro.* Eles descrevem como um livro se parece com outro ou como se difere. Ou comparam um personagem de uma história com um de outra e, pensando sobre suas similaridades e diferenças, entendem ambos um pouco melhor.
- Ambas as comparações são amparadas pela memória: memória de nossas próprias vidas, memória de outros textos que lemos. O jogo da memória provocado por um texto é parte integrante da experiência da leitura e fonte de seu prazer. Muitas vezes, nos bate-papos comuns sobre livros, toda a conversa será concentrada nas memórias que o livro trouxe à mente.

Nos bate-papos sobre livros, esses recursos não ocorrem em uma ordem formal. São remexidos à medida que a conversa serpenteia, aparentemente, sem arranjo consciente. De fato, a conversa é guiada pela necessidade imediata: a de expressar satisfações, ou insatisfações, a de articular novos pensamentos, a fim de ouvir como eles soam, a de "trazer" à tona elementos perturbadores provocados pela história, para que possamos externalizá-los – sustentá-los, por assim dizer, olhá-los e, assim, obter algum controle sobre eles. Como os bate-papos comuns, os bate-papos literários do "Diga-me" não são ordenados e lineares, não é o que alguns especialistas chamam de "discurso totalizante". Não é o tipo de discussão que procura respostas específicas para perguntas feitas em uma ordem prescrita, uma pergunta seguindo "logicamente" a outra.

Em essência, falar sobre literatura é uma forma de contemplação compartilhada. A conversa literária é uma maneira de dar forma aos pensamentos e às emoções, estimulados pelo livro, e aos significados que construímos juntos a partir do texto – as mensagens imaginativamente controladas enviadas pelo autor que interpretamos da maneira que achamos útil ou agradável.

Capítulo III

Quatro modos de fala

A conversa literária não é apenas uma pessoa comunicando algo diretamente para outra. É uma atividade mais complexa e mais coletiva. Existem várias motivações e várias funções que trabalham de forma simultânea. Muito tem sido escrito sobre o papel e a prática da conversa na aprendizagem. É assim que um dos pesquisadores-escritores, Gordon Wells, expressa seu ponto central:

> O que parece ser importante é que, para ser mais útil, a experiência de conversa da criança deve estar inserida em uma dada situação em que o adulto esteja falando sobre assuntos de interesse e de preocupação da criança, como, por exemplo, o que ela está fazendo, ou planeja fazer, ou sobre atividades em que a criança e o adulto se envolvam. A razão para isso é o fato de que, quando crianças e adultos estão envolvidos em uma atividade compartilhada, as chances são maximizadas de que eles estejam colocando o foco nos mesmos objetos e eventos e interpretando a situação de forma semelhante. Isso mostra que cada um deles terá a melhor chance de interpretar corretamente o que o outro diz e, portanto, de ser capaz de construir uma estrutura compartilhada de significado sobre o tema que é o foco de sua atenção intersubjetiva.

O enfoque "Diga-me" tenta se basear nesse modo conversacional básico, ampliando os parceiros de um-para-um, criança-e-adulto, para um adulto facilitador, com uma comunidade de leitores cujo interesse mútuo é focado em um texto compartilhado. Como uma atividade, a conversa literária do "Diga-me" é individual e, ao mesmo tempo, coletiva e cooperativa. Cada participante deve ouvir o que os outros têm a dizer e levar em conta o que todo mundo pensa.

Sempre que falamos, dizemos algo que nós mesmos ouvimos. A isso eu chamo de um ato de fala privado. Mas, quando falamos, em geral, envolvemos uma ou mais pessoas, pois queremos dizer algo para alguém. Considero isso como um ato público de fala. Então, o ato de falar é privado e público. Qualquer análise desse tipo é artificial. O ato de falar não aparece assim na vida. Mas, para os professores que desejam ajudar as crianças a falar bem, é útil ter alguma compreensão da intrincada tecelagem de motivação e de efeito que provocam a fala e recompensam a escuta.

Falando para si mesmo

A motivação privada para esse ato de fala é a necessidade de ouvir o que tem acontecido, até dado momento, apenas internamente, em pensamento, porque, como já apresentamos, "não sabemos o que pensamos até ouvirmos o que dizemos". A fala faz parte do processo de pensamento, às vezes, indicado por observações como: "Só estou pensando em voz alta" ou "Deixe-me tentar isso em você" ou "Como isso soa?". Falar algo em voz alta pode nos revelar se sabemos ou não o que estamos pensando.

Mas falar em voz alta, geralmente, envolve um ouvinte. O envolvimento dos outros, de alguma forma, altera nossa compreensão do que estamos dizendo e nos faz pensar ainda mais sobre isso. Assim, a motivação pública para "pensar em voz alta" não é apenas ouvir o que estamos pensando, mas também ajudar a esclarecer o que queremos dizer de uma maneira que não podemos por conta própria. No entanto, o envolvimento de outros compreende um segundo tipo de fala.

Falando para outros

Se falamos para esclarecer nossas próprias mentes para nós mesmos, ou para comunicar nossos pensamentos para outra pessoa (ou, provavelmente, fazer as duas coisas ao mesmo tempo), falar o que pensamos significa que o ouvinte tem que interpretar o que foi falado. O ouvinte faz uma reflexão sobre o assunto e reflete-o de volta ao falante. Em seguida, percebemos o que dissemos "sob uma luz diferente".

Deixe-me mostrar um exemplo disso na escrita dos parágrafos que seguem. Na primeira versão deste ensaio, chamada *Carta para colegas*, publicada no *Booktalk*, chamei esta seção de "Níveis de fala", e sobre o subtítulo "Falando para os outros" escrevi: "dizer o que pensamos para outra pessoa mostra que, no momento da escuta, ela passa a pensar também no mesmo... o efeito público é fazer nossos pensamentos serem posses coletivas".

Durante uma reunião casual, Gordon Wells me mostrou como usar a expressão "Níveis de fala" foi um engano, porque sugeriu que um nível deve ser superior ao outro – e ele tinha a certeza de que eu não queria insinuar isso. Ele estava certo. Como resultado do comentário de Wells, nenhum do que chamo agora de "Modos de fala" é mais importante do que os outros. Eles estão inter-relacionados, não são uma hierarquia que vai do menos valioso para o mais valioso.

Então, ao falar para os outros, a motivação privada é a esperança de que eles interpretarão o que dissermos e nos ajudarão a entendê-lo melhor. O efeito público é que, ao expressarmos nossos pensamentos, estenderemos nossa capacidade individual de pensar. Essa é a base de um trabalho coletivo.

Steve Bicknell deu um exemplo desse segundo tipo de fala acontecido nos primeiros dias de seu trabalho com o enfoque "Diga-me" em uma aula com algumas crianças de oito anos.

> Estávamos falando sobre *Onde vivem os monstros*[5], de Sendak, e as coisas não eram particularmente interessantes. Ninguém tinha mencionado sonhos

---

[5] *Where the Wild Things Are*, de Maurice Sendak – traduzido para o português pela editora Cosac Naify como *Onde vivem os monstros*.

ou imaginação; ainda estávamos ocupados com aquilo de que gostávamos e com aquilo de que não gostávamos. Para seguir em frente, pedi-lhes que contassem sobre o que não tinham entendido. Alguns, imediatamente, compararam ilustrações e me disseram que não entendiam como poderiam crescer árvores dentro do quarto de Max. Eu disse: "Sim, isso é certamente um pouco estranho". Wayne respondeu: "Ele está tendo um sonho". Vários "Ah, sim" seguidos e alguns pareciam ainda mais confusos. Pedi que levantassem as mãos: "Quem concorda com Wayne?". A maioria concordou e alegou que sempre souberam que era um sonho! Na verdade, Wayne tinha permitido que os outros possuíssem o que ele tinha dito, também, ao dizer, tinha feito com que os outros se convencessem de que eles já tinham pensado nisso.

Falando juntos

A motivação privada para se juntar à discussão é uma tentativa consciente de resolver, juntos aos outros, os problemas que reconhecemos serem difíceis e complexos para qualquer um resolver sozinho.

O efeito público dessa junção consciente de pensamentos é que chegamos a uma "leitura" – um conhecimento, uma compreensão, uma apreciação – de um livro que excede em muito o que qualquer membro do grupo poderia ter conseguido sozinho. Cada membro sabe alguma parte dele, mas ninguém sabe de tudo. Os membros da "comunidade de leitores", conscientemente, aplicam-se a uma atividade cooperativa de discussão que visa descobrir mais sobre o texto do que seria possível de outra forma.

Falando o novo

A motivação privada aqui é o desejo de se engajar na conversa literária pela própria atividade, pois aprendemos não apenas que "falar juntos" produz uma interpretação dos segmentos de compreensão, que podemos oferecer individualmente, mas também que a conversa em si, muitas vezes, gera novos entendimentos, alargamento de apreciações, que ninguém, até então, poderia ter articulado sozinho. A sensação é de "decolagem", de voo para o, até então, desconhecido: a experiência da revelação. Ao participarmos juntos de perto, somos recompensados com riquezas de significado no texto que não sabíamos que ele oferecia antes de compartilharmos nossos entendimentos individuais pela primeira vez.

Lissa Paul relata que seus graduandos falam sobre o "prazer intelectual" que sentem ao voltar para um texto repetidamente para interpretá-lo – e o quanto eles gostam de descobrir segredos textuais. Em minha própria experiência, as crianças também obtêm prazer intelectual semelhante a essa atividade.

O efeito público de uma experiência tão produtiva é que as pessoas passam a conhecer a importância social da leitura literária (uma vez conhecido, nunca é esquecido e sempre almejado). Elas descobrem em primeira mão como a leitura – toda a experiência do Círculo de Leitura – transcende o entretenimento de passatempo, o aconchego da hora de dormir ou o valor funcional cotidiano: como, para além disso, nos oferece imagens para pensar e um meio de criar e de recriar a própria essência de nossas vidas individuais e coletivas. (Há alguns que diriam, até mesmo reclamariam, que isso é para aplicar recurso literário – leitura e conversa "séria" – com significância metafísica ou até mesmo religiosa. No entanto, eu creio que haja.)

Quando se pensa sobre essas distinções no trabalho prático de ensinar as crianças a falar bem sobre suas leituras, surgem, de imediato, algumas perguntas que poderiam querer discutir com os colegas:

Falando consigo. Que tipo de preparação nos ajuda a falar sobre nossa leitura? Que perguntas podemos fazer um ao outro que ajudam a liberar pensamentos em vez de inibi-los?

Falando para os outros. As pessoas podem ouvir, mas isso não significa, necessariamente, que escutem. Contar nossos pensamentos é uma perda de tempo se outros não quiserem ouvir o que estamos dizendo, mas apenas ouviriam aquilo que gostariam que disséssemos. O que nos ajuda a ouvir com atenção? O que ajuda as crianças a passar de falantes egoístas para ouvintes cooperativos?

Falando juntos. Por que falamos e escutamos, significa que sabemos? O entendimento tem que ser articulado? A conversa cooperativa nos ajuda a falar mais do que pensávamos e, ao ouvir o que os outros dizem, nos conscientizaria do que não sabíamos que sabíamos?

Em *Philosophy and the Young Child*, com a qual esta escrita está em débito, Gareth B. Matthews conta um episódio sobre uma criança que chegou à formulação desse problema:

> Surgiu uma discussão sobre fatos entre James e seu pai, e James disse: "Eu sei que é assim!". Seu pai respondeu: "Mas talvez você possa estar errado!". Dennis [quatro anos e sete meses] então disse: "Mas se se sabe, não se pode estar errado! Às vezes se pensa errado, mas saber é sempre certo".

Você pode estar certo, mas sabe o que realmente disse? Por que uma pessoa faz um comentário incisivo, isso significa que ela sabe o que quer dizer? Ela sente que é certo, a intuição diz que é, mas isso é suficiente? E mesmo que ela esteja completamente ciente, em sua própria mente, das implicações da declaração, é este o caso com todos aqueles que a ouviram, não importa quão atentamente eles a ouviram? O que o professor faz para consolidar o saber tanto nos falantes quanto nos ouvintes? E como isso é feito sem estragar o prazer de ler ou a clareza de dizer?

Falando o novo. O que o professor diz ou faz quando a conversa literária estimula um pensamento "novo"? E como sabemos que é um pensamento "novo" quando ouvimos um? Devemos lembrar que a "novidade" que temos em mente diz respeito à compreensão das crianças, não à nossa. Embora a experiência de cada professor que escuta atentamente os alunos é que eles dão ao professor novos pensamentos também.

Tudo isso pode ser verdade, mas ler literatura e discuti-la merece tanta atenção durante preciosos dias letivos? No final de *Actual Minds, Possibles Worlds*, Jerome Bruner oferece a esperança de que surgirá "um novo tipo de teoria do desenvolvimento", cuja preocupação técnica central

> [...] será como criar nos jovens uma apreciação do fato de que muitos mundos são possíveis, que o significado e a realidade são criados e não descobertos, que a negociação é a arte de construir novos significados pelos quais os indivíduos podem regular suas relações uns com os outros. Não será, eu acho, uma imagem do desenvolvimento humano que localiza todas as fontes de mudança dentro do indivíduo, da criança sozinha.

Algumas páginas depois, Bruner nos mostra por que a literatura e o discurso sobre ela estão no centro desse desenvolvimento.

> Tentei demonstrar que a função da literatura como arte é nos abrir a dilemas, ao hipotético, à gama de mundos possíveis a que um texto pode se referir. Usei o termo "subjuntivizar" para tornar o mundo menos fixo, menos banal, mais suscetível à recreação. A literatura subjuntiviza, admite a estranheza, torna o óbvio menos óbvio, o desconhecido menos desconhecido também, questões de valor mais abertas à razão e à intuição. A literatura, nesse espírito, é um instrumento de liberdade, leveza, imaginação e, sim, razão. É nossa única esperança contra a longa noite cinzenta [...] O que nos ajudará superá-la é a escrita de poemas e de romances que permitem perpetuamente recriar o mundo, e a escrita de crítica e interpretação que celebram as variadas maneiras pelas quais os seres humanos buscam por significado e por sua encarnação na realidade – ou melhor, em realidades tão ricas como podemos criar.

O ponto que quero enfatizar é o lugar central da conversa na atividade crítica que Bruner descreve. O tipo de conversa com que estou lidando aqui tem sido, tradicionalmente, chamado de "crítica". O que faz com que os céticos questionem se as crianças podem ser críticas.

Capítulo IV

Crianças são críticas?

Quando nosso grupo de estudos fez essa pergunta para colegas professores, a resposta, com frequência, era "não". Criticidade, asseguravam-nos, é uma atividade não natural, de especialistas adultos para a qual se precisa de treino e, também, de um gosto perverso por análise destruidora de prazeres. Esses professores pareciam acreditar que a criticidade lida com abstrações no âmbito do intelectualismo insensível, de uma dissecação calculada. Não se pode "fazer" crítica com as crianças, disseram, e, se tentarmos, os afastaremos da literatura completamente. Acontece que muitos deles foram afastados da literatura, daquilo que consideravam ser criticidade durante o Ensino Fundamental – Anos Finais e cursos de literatura de Ensino Médio.

Fizemos a pergunta, em primeiro lugar, pois nosso trabalho nos persuadiu de que crianças possuem uma faculdade crítica inata. Elas, instintivamente, perguntam, reportam, comparam e julgam. Deixadas sozinhas, tornam suas opiniões e sentimentos claros e se interessam pelos sentimentos dos amigos. Quando falam sobre livros, filmes, televisão, esporte ou qualquer outra atividade realizada em seus tempos livres, compartilham com entusiasmo, gostam de juntar informações e são tão capazes de discriminá-las quanto um adulto conhecedor. Ninguém, por exemplo, é mais crítico que crianças de dez anos fãs de futebol, ao comparar suas impressões sobre o jogo da noite anterior, ou mais incisivas na defesa de suas fortes opiniões.

Se há um profundo interesse por um assunto e se são proporcionadas as facilidades para sua expressão, as crianças são, pareceu-nos evidente, críticos naturais desde as primeiras idades (certamente quando entram na escola). O que nossos colegas discordantes estavam falando, concluímos, era uma noção distorcida de crítica literária baseada em suas próprias experiências infelizes.

Qual é, então, nossa própria visão da crítica literária? O que os críticos fazem? E é isso que as crianças fazem ou podem ser ensinadas a fazer?

É difícil convencer qualquer crítico literário acadêmico a resumir brevemente o que é crítica. O *Dicionário de Termos Literários e Teoria Literária*, de J. A. Cuddon, diz: "A arte ou a ciência da crítica literária se dedica à comparação e análise, à interpretação e avaliação de obras de literatura". Mas uma descrição tão sucinta deixaria muitos críticos contemporâneos perplexos. O que todos sabemos, no entanto, é que a crítica tem a ver com significado nos textos, com "fazer sentido" – afirmando-o, encontrando-o, concordando ou discordando sobre ele. A interpretação é parte do que é a crítica. Assim também as considerações sobre a construção do significado pela linguagem, formas de narrativa, convenções e ideologias – bem como o que o leitor faz com o texto e o que o texto faz com o leitor.

Uma simples verdade está por trás de tudo isso, a crítica é autobiográfica. Qualquer que seja a preferência do crítico – linguística, estruturalista, feminista, política, psicanalítica, e assim por diante –, a base é a própria experiência que tem o leitor com o texto. Sem isso não há nada. Nada para trabalhar, nada de interesse. Então, como Jonathan Culler expôs em *On Desconstruction*, "Falar do significado de uma obra é contar a história de uma leitura". Nesse sentido, por se preocupar com a "história de uma leitura" do leitor, a teoria da recepção é um bom início para qualquer pessoa que está interessada em crianças e em crítica.

Quando perguntamos "O que um crítico faz?", decidimos que o ensaio de W. H. Auden, "Reading", em *The Dyer's Hand and Other Essays*, era uma base sensata e prática para considerar o que as crianças podem ou não fazer. Auden espera que os críticos:

1. Apresentem-me autores ou obras que eu desconheço.

2. Convençam-me de que desvalorizei um autor ou uma obra porque eu não tinha lido com o suficiente cuidado.

3. Mostrem-me relações entre obras de diferentes épocas, históricas e culturais, que meus escassos conhecimentos não me permitiram e não me permitirão fazê-lo por conta própria.

4. Façam uma "leitura" de uma obra que aumente minha compreensão sobre ela.

5. Joguem luz sobre o processo do "Fazer" artístico.

6. Joguem luz sobre a relação da arte com a vida, com a ciência, a economia, a ética, a religião etc.

Capítulo V

Crianças sendo críticas

As crianças podem contar – elas contam – "a história de suas leituras?". E será que fazem tudo o que Auden esperava de um crítico? Começamos a escutar mais atentamente o que as crianças falavam e ler com mais cuidado o que escreviam sobre os livros. Logo, percebemos o quanto *não* notamos, especialmente quando trabalhamos com grandes classes. Com frequência, as crianças se expressam com uma forma de falar curta e rápida, e a professora – tão preocupada com a manutenção da ordem, com dizer o que tem a dizer e com o que as crianças estão dizendo – perde as partículas de pensamento polvilhadas na conversa. Além disso, muitas das melhores coisas são ditas em particular, fora da discussão formal da aula. Você também tem que escutar isso furtivamente.

Aqui apresentamos alguns exemplos de crianças se comportando como críticas, seja em um ambiente formal ou informal, de forma falada ou escrita.

WILLIAM, 10 anos, quando perguntado se ele achou as histórias de Arthur Ransome "meio longas e lentas" (ou melhor, chatas), respondeu: "Arthur Ransome é o tipo de escritor de que você gosta, mas depois que termina de lê-lo".

Isso carrega um número de significados possíveis, todos eles pertinentes. William pode estar dizendo: quando você está lendo uma história ricamente construída, você experiencia o maior prazer somente quando você termina e pode ver todo o padrão do livro e como tudo se encaixa ao juntar-se. Ele também pode estar dizendo: toda leitura requer um gasto de tempo e de esforço, energia e resistência; livros como os de Arthur Ransome, por serem longos e lentos, tomam tanto tempo e energia que, por um momento, você se pergunta se vale apena seguir; mas, se persistir e alcançar o fim, você sente um grande prazer pela satisfação de terminá-lo.

Se William quis dizer algo assim, ele estava fazendo uma profunda crítica sobre a própria leitura, assim como sobre a natureza dos romances de Ransome. Claro, ele podia estar só fazendo uma piada, como aquela sobre bater sua cabeça numa parede de tijolos, ao insinuar que os livros de Ransome são tão tediosos que o único prazer obtido vem quando você para de ler. O que pode ser considerado um comentário crítico da mesma ordem que outros. Assim, nunca saberemos o que ele quis dizer, pois não perguntei e, como uma criança típica, ele não achou necessário explicar. Se eu tivesse superado minha surpresa com uma ideia tão sofisticada colocada de forma tão sucinta, o que eu deveria ter "feito" com ela?

Uma nota sobre piadas: eu descobri, enquanto estava trabalhando com o *Diga-me*, que nada que os leitores contam durante as conversas literárias é banal, muito menos as piadas, que, com frequência, nos levam para o cerne do assunto de forma rápida e surpreendente. Se piadas são feitas, não as menospreze; veja para onde elas levam.

> HELEN, 10 anos, ao ser perguntada se teria encontrado algum "trecho chato" na minha história, *The Present Takers*: "Achei a primeira página meio chata e depois descobri que tinha que ser".

O apontamento de Helen desperta a curiosidade sobre o que ela quis dizer, ainda que ninguém tenha perguntado a ela, nem eu ou as nove ou dez crianças do grupo. Poderia ela ter entendido que sua chateação coincide precisamente com as passagens do livro em que se estabelece o tipo de história que será contada e como deve ser lida? Teria ela entendido que o tédio literário pode ser um problema de confusão, um período da leitura durante o qual o leitor está se familiarizando com as demandas de uma leitura não familiar (o pedaço de um livro que os leitores chamam de "difícil")? Se sim, ela realizou um ato astuto de crítica. Ela poderia ter explicado melhor sobre seu tédio e revelado mais sobre isso para si e para o resto de nós? Então, ela estaria fazendo o que Auden quer que um crítico faça em seu ponto 4 – executar uma "leitura" que incremente nosso entendimento do livro. Por outro lado, ela poderia ter desejado que o resto de nós mostrasse a ela o que ela quis dizer. Ou ela apenas descobriu que "sabia" o que queria dizer quando falou a frase em voz alta e buscou deixar claro o que queria dizer para que pudesse entender seu próprio pensamento?

Minha hipótese, depois de ouvir muitos comentários desse tipo e tentar ajudar crianças a explorá-los, é que as crianças, geralmente, querem entender suas próprias descobertas críticas. Elas esperam que o professor facilite essa exploração. Elas esperam que ele as ajude a articular significado, não apenas dizendo-o a elas, nem o explicando, mas emancipando sua própria habilidade de falarem por si. Esta é uma das questões que este livro está intentando responder: o que o professor faz para permitir que as crianças leitoras falem por si mesmas?

> MARK, descrito como uma criança de 8 anos com "habilidades muito limitadas", quando o professor perguntou se a turma poderia encontrar algum padrão em *The Owl Who Was Afraid of The Dark*, de Jill Tomlinson, ele falou: "Há um padrão no jeito que Plop vai ao longo do galho cada vez, depois cai cada vez e, então, conhece outra pessoa cada vez".

Mark está jogando o jogo "I Spy"[6]. Ele está descobrindo as conexões mais ou menos escondidas entre vários elementos da história, e encontra prazer

---

6 "Eu espio" é um jogo de adivinhação em que um jogador (o *espião*) escolhe um objeto à vista e anuncia aos outros jogadores que "Eu espio com meu olhinho algo que começa com...", nomeando a primeira letra do objeto. Outros jogadores tentam adivinhar esse objeto. (Nota da Tradutora). Disponível em: https://en.wikipedia.org/wiki/I_spy

ao fazê-lo. Uma grande parte da atividade crítica, mesmo na sua forma mais sofisticada, corresponde a encontrar padrões – de linguagem, de códigos narrativos, de enredo, de imagens, de personagens e todo o resto. Onde focamos nossa atenção – o que destacamos no texto – varia de acordo com a natureza da história e dos imperativos pessoais de um leitor que a lê. Mas, o tempo todo, nossa experiência mostra que, ao encontrar padrões, criamos significados e que, quando construímos significado, somos recompensados com uma sensação de prazer. Mark pode ter "habilidade muito limitada" e ter apenas 8 anos, mas é observador e preciso, ao falar o que percebeu. Quaisquer que fossem suas limitações, elas não impediriam o exercício de sua faculdade crítica inata, dadas duas condições: primeiro, a escolha de um livro com o qual suas habilidades pudessem operar. A linguagem, as imagens, o conteúdo da história e sua forma – a maneira de contar a história – lhe eram familiares. Em segundo lugar, um companheiro habilidoso e experiente de quem ele poderia se tornar um aprendiz de leitor e crítico, alguém que o capacitasse a falar e que saberia como ajudá-lo a focar sua atenção. A companheira de Mark era nossa colega Barbara Raven, que traduziu um ato de análise estrutural de um "adulto" em um jogo atraente para crianças como é "I Spy".

SARAH; aos 6 anos, sobre *Railway Passage*, de Charles Keeping: "No início, algumas das fotos eram sem graça e, no final, as fotos eram coloridas, mas uma delas não era, e essa foto é do tio Meanie, e acho que era escuro porque ele não estava feliz."

Sarah está aprendendo a dizer a si mesma e a seus amigos como as histórias funcionam, olhando os sutis desenhos dos livros ilustrados por Keeping, nos quais muitos dos códigos narrativos estão "escritos" nas imagens. Dessa forma, ela está aprendendo sobre a complexidade literária antes mesmo de poder lidar com a complexidade linguística. Está aprendendo a fazer isso com discriminação crítica, falando o que percebeu, ouvindo o que os outros falam ao discutir suas observações mútuas.

Não revelei o que torna o discurso de Sarah ainda mais impressionante. Ele foi escrito. Não mudei nada do texto, exceto para colocar letra maiúscula para o tio Meanie e um apóstrofo para "dont". Sarah teria, entretanto, dito o que havia anotado para sua professora, Jill Hopes, e seus colegas de classe, antes de escrever. Ela havia escrito o que queria dizer com um "propósito real", não com o de mero exercício de mostrar ao professor que era capaz. Tudo isso a ajudou a decidir o que queria dizer e a melhor maneira de ordenar as palavras para fazê-lo, antes de começar a escrever, uma tarefa difícil o suficiente para exigir toda a sua atenção. Eu era o "verdadeiro propósito" que estimulava esse trabalho árduo. Sarah sabia que enviariam seus comentários a um adulto desconhecido, que tinha um interesse genuíno em seus pensamentos sobre os livros de Keeping. Sarah foi uma das criadoras de *A Book All About Books*, que acompanhou uma fita de áudio das crianças falando sobre a leitura de *Charley, Charlotte and the Golden Canary*, de *Joseph's Yard* e outros livros ilustrados de Charles Keeping.

O leão em *The Crane* (por Reiner Zimnik) é o mesmo que o coelho preto e branco em *Watership Down* (por Richard Adams)". Anna Collins relatou que uma criança de dez anos falou isso em um surpreendente (e preciso?) exemplo de conexões e comparações que realizam as crianças.

Em um artigo do *Signal 26*, "Thems for the Infants, *Miss*", Elaine Moss oferece mais evidências gravadas em áudio de crianças de oito a onze anos falando sobre *Come Away from the Water, Shirley*, de John Burningharn, e elas falaram: "é como Peter Pan, professora". "Não, como o Capitão Pugwash". Ela também relatou que havia algumas crianças

> de todas as idades que não conseguiram fazer o salto através da "fosso" entre as páginas do lado esquerdo, onde estavam sentados os pais que, ocasionalmente, se dirigiam a Shirley, que não se via, e as páginas do lado direito, nas quais se vê Shirley entrando em um barco a remo e um cachorro perdido na praia de seu vívido devaneio..., mas muito mais crianças, novamente de todas as idades, deram o salto e ficaram intrigadas com as pistas que John Burningham lhes deu. Embora Shirley não seja vista nas páginas à esquerda, "Ela deve ter estado lá ou sua mãe e seu pai não teriam continuado a falar com ela, não é?"; "O corpo dela estava lá por isso eles disseram para ela não fazer coisas, como 'Não brinque com aquele cachorro, você não sabe por onde ele andou', mas seu pensamento estava com os piratas."

O corpo de Shirley, presente para que seus pais dessem ordens, mas seu "pensamento" estava com os piratas, é um relato preciso da história e do arranjo formal das fotos em duplas páginas que controlam a narrativa. O fato de que isso foi compreendido pela maioria das crianças de todas as idades do Ensino Fundamental confirma ainda mais nossa convicção de que todos nascem com uma faculdade crítica. Ajudar as crianças a aprender como usar essa faculdade mediante uma direção consciente de sua atenção é a função dos professores.

"Diga-me" para iniciantes

Aqui está um trecho da transcrição de uma jovem professora, Susan Jayne Lamacq, no início de seu trabalho (ela estava no último ano de treinamento de graduação na época), aprendendo a usar o enfoque "Diga-me" enquanto ajuda as crianças a falar sobre suas leituras e o quão criticamente criteriosas suas observações podem ser. As crianças são um grupo misto, de 9 a 11 anos de idade, numa pequena escola primária de Oxfordshire. Quando esse trecho foi gravado, Susan já estava trabalhando com a classe havia seis semanas, durante as quais ela e as crianças se tornaram mais confiantes em suas conversas literárias, à medida que aprenderam a confiar umas nas outras e aceitar que tudo foi "dito de forma respeitável" (ver página 53). O livro de imagens que eles estão discutindo, após uma segunda leitura, é de John Burningham, *Granpa*:

PROFESSORA: Alguém notou algo que gostaria de nos contar?

LEE: No final, ele (vovô) foi embora.

BRYAN: Talvez ele tenha ido para a África sem ela. Ela (a garotinha sem nome) pergunta se os vermes vão para o céu, ela sabe que as pessoas vão.

CANDY: Com certeza.

JESSICA: Ele está envelhecendo aos poucos e depois está muito doente, depois morre.

PROFESSORA: Sim, percebi isso. Alguém mais?

GWILYM: Começa na primavera e vai até o fim.

PROFESSORA: Sim, começa na primavera. Durante o verão, o outono, e termina no inverno. Como você acha que é a primavera?

STUART: Crescimento, nova vida, vacas têm bezerros.

PROFESSORA: Brilhante!

GWILYM: O início da vida de muitos animais.

PROFESSORA: E talvez o começo da vida ou da juventude para as pessoas também?

CLAIRE: A carruagem do fim é empurrada por um anjo.

STUART: Não, é a garotinha depois do...

PROFESSORA: Esta página (a última foto do livro) causa muita discussão. As pessoas não sabem o que pensar.

GWILYM: Ela cresceu, ela aprendeu a brincar e ser independente. Em todas as outras fotos, ela está fazendo alguma coisa com o vovô, neste caso, ela está sozinha.

PROFESSORA: Talvez a vida continue. Você acha que o vovô morreu?

LEE: Ele colocou o remédio na mesa e, na próxima página, ele sumiu.

PROFESSORA: O que você pensa dessa parte? Todos os sinais indicam que teve um resfriado – há vaselina, um termômetro.

STUART: Está ficando frio no inverno, talvez ele tenha pegado pneumonia – e morreu. E eles estiveram brincando na neve.

CATHERINE: Ele pode estar no hospital.

STUART: Ela parece muito triste, porque a cadeira dele está vazia.

CATHERINE: Não gosto de pensar em um cara tão adorável morrendo. Não gosto de ler livros onde ele morre, então, mentalmente, conto a mim mesma uma história diferente.

PROFESSORA: Você gostou do livro?

MARTIN: Eu gosto de "minhocas vão para o céu". Faz a gente pensar.

LEE: Eu gosto de "podemos ficar aqui para sempre?". É o que eu costumava dizer na praia. (Perturbação).

PROFESSORA: Do que você acha que trata o livro?

CANDY: Eu acho que é sobre o relacionamento de uma criança com seu avô. Acho um livro muito bom, se é disso que trata. É verdadeiro e do ponto de vista de uma criança. Mas é sobre a morte, e as crianças precisam disso.

STUART: Como as pessoas envelhecem, sobre a vida.

PROFESSORA: Sim, definitivamente, isso é muito bom. Eu também acho isso. O que diriam para um amigo sobre ele? E o que diriam sobre a linguagem do livro?

CANDY: É muito inteligente. É apenas como as crianças dizem coisas e o que as crianças fazem.

JESSICA: É triste – parece chato – você tem que ler, aí você percebe e acha que é ótimo.

PROFESSORA: As fotos acrescentam significado à história?

CANDY: Sim. Por exemplo, a cadeira vazia é a mais importante. É disso que trata realmente a história. São as fotos que mostram o que eles estão fazendo e onde estão e, às vezes, outras coisas como os jogos antigos do vovô, e as palavras apenas contam um pouquinho do que mais está acontecendo.

(De uma dissertação não publicada, *Working with John Burningham*, de Susan Jayne Lamacq, 1990. Biblioteca do Westminster College, Oxford, páginas 90-91.)

Você concordará, penso eu, que essas crianças estão se comportando ou aprendendo a se comportar como os críticos da natureza que Auden queria.

Em preparação para os próximos capítulos, reveja o extrato, falando a si mesmo o que a jovem professora fez bem e como poderia ter melhorado sua parte na conversa. As perguntas levaram as crianças para o caminho que ela queria que fossem? Elas sugerem as respostas que ela queria? Ou será que ela deu permissão às crianças para falarem o que queriam? Perdeu oportunidades de ajudar as crianças a expressarem seus pensamentos?

Por exemplo, considere o momento em que ela pergunta: "O que diriam para um amigo sobre ele? E o que diriam sobre a linguagem do livro?". Poderia ter sido melhor separar duas questões tão grandes, dando às crianças a chance de responder uma de cada vez, ou ela estava deixando opções em aberto, o que denota que as crianças poderiam, de fato, preferir falar sobre o que acharam de maior importância? (Claro, o sentido das perguntas da professora dependeria muito do seu tom de voz e do comportamento paralinguístico e não verbal.

As transcrições não podem comunicar isso, é por isso que aprender a ensinar a partir da palavra impressa é tão inadequado e por que trabalhar como aprendiz é tão importante.)

Algumas conclusões

Eu poderia continuar dando exemplos, construindo evidências de que todas as crianças são (ou podem ser) críticas, pelo menos dentro dos limites estabelecidos por Auden:

1. Não há dúvida de que as crianças apresentam autores desconhecidos entre si. Qualquer pessoa que já observou crianças folheando uma ampla seleção de livros sabe disso. E sabemos que as crianças também apresentam os autores aos adultos.

2. Todos nós, em nosso grupo de estudo, já havíamos experimentado ocasiões em que algumas crianças convenceram outras pessoas de que elas haviam subestimado um livro. Por acaso, na mesma noite em que discutimos esse assunto, Anna Collins me entregou alguns escritos de seus filhos de 9 e 10 anos, após uma discussão sobre *Sun Horse, Moon Horse*, de Rosemary Sutcliff. – "Não gostei muito do livro nem o entendi até que conversamos. Isso me fez entender muito mais", escreveu uma garota, como se respondesse à nossa pergunta. "Eu acho", escreveu outro, "que todos os comentários fizeram a história ganhar vida para mim, porque eu não entendi no começo". E, como antes, nós, adultos, nos lembramos de quando nossas próprias opiniões foram revisadas pelos comentários das crianças.

3. No início, tentamos saber se as crianças poderiam mostrar, umas às outras, "as relações entre diferentes idades e culturas". Decerto, em geral, são os adultos que fazem isso, porque sabem mais. Mas não seria apenas por que eles nunca sugerem que as crianças façam isso por si mesmas? A pergunta "O que o professor deve fazer?" levantou-se novamente, como se fez com frequência durante nosso estudo.

4. Isso se relaciona com (2), e temos muitas evidências para mostrar que as crianças fazem "leituras" que aumentam a sua própria compreensão e a nossa, adultos, sobre os livros.

5. Perguntando a nós mesmos por que é sempre o adulto que "lança luz sobre o fazer artístico" para as crianças, não podemos ver nenhuma razão para que, pelo menos, às vezes, as crianças não devam explorar isso por si mesmas no trabalho de escritores que, particularmente, lhes interessam. De minha parte, tendo amiúde visitado salas de aula como autor, posso testemunhar o grande interesse que as crianças demonstram em como um livro foi "feito", desde a primeira ideia até o volume final. Com frequência, em troca, eles me contam sobre sua experiência de escrever, comparando-a com a minha.

   De que eles podem lançar luz sobre o processo em seu próprio benefício, eu pessoalmente não tenho dúvidas. É tudo – novamente – uma questão de saber o que o professor pede às crianças e quão variada é a experiência das próprias crianças em diferentes formas de escrita.

6. Aqui está Paula, de 6 anos de idade, lançando luz sobre "a relação da arte com a vida" ao trazer seu mundo para o texto *Charley, Charlotte e o Canário de Ouro*, de Charles Keeping, em um artigo de *A Book All About Books* referido anteriormente, e desta vez em uma citação não editada:

   > Charley e Charlotte eram bons amigos e brincavam juntos perto do viveiro de pássaros, eu fiquei triste quando Charlotte foi pro bloco alto de prédios e a mãe da Charlotte não deixa Charlotte brincar eu gosto de brincar com meus amigos e quando eu não posso eu me sinto chateada. Eu estou triste porque Jessica vai sair da escola e vou sentir muita falta dela.

   E sua colega de sala, Katie, sobre *Railway Passage*:

   > Senhora Hopes leu para a gente um livro sobre pessoas que viviam em cabanas de trem. Aqui está minha opinião sobre isso. Há duas pessoas que eram boas no começo do livro e meio que ainda estavam boas no final. O dinheiro não fazia muita diferença para as pessoas as pessoas tristes ficavam ainda mais tristes depois que ganhavam o dinheiro. Eu acho se eu ganhasse muito dinheiro eu compraria novas roupas, mas eu não acho que ficaria feliz, pois eu usaria e elas ficariam gastas e eu ficaria triste de novo.

Todos poderíamos recordar ocasiões em que as crianças passaram de uma discussão sobre a história para comentar sobre tópicos relacionados: dinheiro, vida familiar, informações científicas, problemas morais e éticos e assim por diante. Por exemplo, quando estudamos as respostas das crianças a *The Battle of Bubble and Squeak*, de Philippa Pearce, descobrimos que, em geral, se falava muito sobre a moralidade da tentativa de Alice Sparrow de se livrar dos gerbos, colocando-os fora para os lixeiros levarem embora. Continuadamente, isso se estendia a uma discussão sobre os direitos dos animais e, por extensão adicional (e trazendo a conversa de volta ao texto), os direitos das crianças em contraposição aos dos pais e os direitos dos pais em contraposição aos dos filhos. Também se falava sobre a história natural dos gerbos, bem como numerosas anedotas sobre arranjos e tensões familiares, comparando a família fictícia de Philippa Pearce com as suas próprias.

Na verdade, alguns professores usam a literatura apenas para esse fim, pois com facilidade as crianças se engajam nela. Por muitos anos, *My Mate Shofiq*, de Jan Needle, foi muito lido com crianças de 10 a 13 anos, principalmente por tratar de forma controversa o preconceito racial e, assim, estimulava uma discussão acirrada sobre o assunto. Em outras palavras, foi usado como num estudo de caso de assistente social ou um documentário jornalístico, apenas como ponto de partida para a investigação de um problema social.

Um exemplo similar. Uma sala de crianças de 10 anos estava falando sobre o livro *No Way of Telling*, de Emma Smith. Estavam atraídas pela ideia de ficarem presas pela neve, assim como a protagonista. Logo, começaram a contar incidentes igualmente excitantes de suas próprias vidas; e, então, foram para todos os tipos de anedotas de feriados, a partir das quais se embrenharam em uma discussão sobre o que fariam se não houvesse escola e pudessem fazer o que quisessem o dia todo. Acharam isso muito divertido. Depois, a professora ficou feliz, pois sentiu que haviam conversado bem e que só isso já era valoroso. Talvez, mas sua conversa não foi literária, não foi focada na discussão da interpretação do texto e na descoberta do significado. O romance de Emma Smith e suas leituras tiveram pouco a ver com o que estavam falando.

Claro que todo trabalho de literatura envolve o sujeito em temas, mas tão importante também o é como evento linguístico, uma construção metafórica, um objeto "feito" que cria, Susanne Langer nos ensinou a dizer "a ilusão de uma vida no modo de um passado virtual". "O que o texto ensina", Margaret Meek nos lembra, "é o processo de descoberta para leitores, não um programa de instruções para professores". O crítico francês Roland Barthes enfatiza uma verdade que os professores voltados para o conteúdo preferem ignorar: "O que acontece" na narrativa é, do ponto de vista referencial (da realidade), literalmente nada; "o que acontece" é apenas a linguagem, a incessante celebração de sua vinda. Certamente, é essa aventura apaixonante com a linguagem que queremos para nossos filhos antes de tudo. Portanto, nós os ajudamos a explorar a literatura como sua própria história, e a história da literatura é descoberta na nossa própria história e na leitura de outros. Literatura é o que um menino de 10 anos chamou de "um tipo de mágica que acontece em nossa cabeça", e nossa leitura é uma construção da linguagem que usamos para falar sobre ela. Aqui – para dar um exemplo da outra ponta do sistema educacional – está Chris Bucco, uma estudante de graduação de 19 anos, contando a história de sua leitura de um livro que algumas pessoas de todas as idades acham "difícil", o livro de figuras de Maurice Sendak, *Outsite Over There*. Usando o que ela aprendeu com o enfoque "Diga-me", decidiu simplesmente gravar o que aconteceu com ela enquanto lia o livro. É algo como uma leitura-narrativa que qualquer um em idade escolar consegue identificar.

> *Outside Over There*, Maurice Sendak, Bodley Head. Ao olhar a capa deste livro, minha primeira impressão foi a de que Maurice Sendak levaria o leitor a uma terra de sonhos, um mundo de fantasia fora do real, da existência cotidiana, e que a menina e o bebê ilustrados nos levariam nessa aventura. Então, vieram as primeiras páginas (antes da introdução da história escrita) com a menina e o bebê acompanhados de gigantescos girassóis, uma cerca (trazendo o limite entre "aqui" e "lá"?), e pequenos duendes em vestes escuras com mãos e pés humanos. Neste ponto, eu percebi que essas criaturas teriam uma parte significativa na história, e por meio da história poderia ser algo similar a *Onde vivem os monstros*.
>
> A história começa – eu a li lentamente, ao mesmo tempo um pouco impressionada e confusa depois da minha primeira leitura, estou intrigada, pois sei

que deve haver alguma(s) mensagem(s) importante(s), mais aprofundada(s) na história. Bem, enquanto eu tentava decifrá-la, algumas coisas me pareceram pontos salientes e significativos da história. Uma foi a falta de consistência no ritmo das palavras. As palavras começam num pentâmero iâmbico "when Pa-pa was a-way at sea", mas o ritmo é quebrado rapidamente. Depois, o ritmo retorna e desaparece de forma intermitente. Outras inconsistências são encontradas nas figuras – na janela no plano de fundo a situação muda constantemente de um barco no mar para um barco afundando, para duendes roubando a irmãzinha etc. É difícil encontrar um padrão bem definido e estável – mudança constante (poderia isso ser um tema importante?).

Procurando por pistas de consistência, encontrei, nas figuras, a aparição recorrente de girassóis "crescendo" e do barco (Papai – memória de Papai e/ou suas palavras?), assim como duendes amedrontados.

Bem, depois de ler o livro umas cinco ou seis vezes, comecei a ter algumas ideias das mensagens que ele nos traz (de uma forma muito seletiva). Eu achei que talvez o autor estaria mostrando o crescimento de Ida – nos mostrando sua crescente habilidade de lidar com responsabilidades, de ser tolerante com sua irmãzinha e até mostrou seu lado "duende" (opondo-se ao seu lado feliz, onde ela balbucia e bate palma "igual a um bebê") e sua habilidade de cuidar da irmã e da família (enquanto a mudança para o modo "adulto" de responsabilidade pode ter sido forçado pela morte de seu pai [ou sua ausência], pela chegada de sua irmãzinha, ou pelo curso do tempo – uma combinação dessas possibilidades também parece plausível).

Ao tentar descobrir um tema secundário neste livro, fiquei mais intrigada e mais ligada à ideia da história. E quanto mais eu destrinchava, mais ideias "pareciam" se encaixar de certa forma. Portanto, acabei com uma ótima impressão de *Outside Over There*, naquilo que me concerne como leitora.

Julgando pelos critérios de Auden, então, seguramente podemos dizer que crianças podem ser críticas. Crianças sabem muito sobre o mundo em que vivem. O professor tem que descobrir como convidar esse conhecimento para a discussão – para aumentá-lo ou modificá-lo de acordo com o que ela sabe. E vale a pena enfatizar estes pontos:

1. Crianças de todas as idades são tão variadas nas leituras de seus livros quanto os adultos. Em qualquer grupo, algumas destacarão certos aspectos e outras destacarão outros. E, embora adultos que tenham trabalhado

muito com crianças possam fazer suposições inteligentes sobre o que será mais atrativo ou recompensador, ninguém o faz de forma completamente correta. Pelo contrário, qualquer ensino que possibilite à criança reportar honestamente suas respostas, geralmente, dá ao professor uma surpresa.

2. Com frequência, subestimamos as capacidades de leitura e de crítica das crianças. Professores, em especial, têm sido treinados para acreditar que "estágios de desenvolvimento" são comuns para todas as crianças com idade similar e para aceitar que crianças não conseguem distinguir o "real" do cotidiano e o "ficcional", ou o literal e o metafórico, ou o papel lúdico da história (quando estamos "brincando com a vida") e o consequente e irreversível fim de "vivê-la de verdade". Em todo caso, é mais sábio, pelo menos no que importa à conversa literária, agir na hipótese de que crianças são potencialmente tudo o que nós mesmos somos, e que ao contar suas próprias histórias e suas leituras de histórias de outras pessoas, elas "falam para si mesmas para serem". Ao contar suas leituras, elas ativam suas potencialidades, mas só quando esta leitura é realmente sua própria e é cooperativamente dividida, e não uma leitura de outrem imposta sobre elas.

3. Em qualquer grupo de crianças, não importa sua suposta espertеza ou falta dela, achamos que, se elas começarem a dividir suas observações mais óbvias, logo acumularão um corpo de entendimento que revela o coração de um texto e seu(s) significado(s) para todos.

Ademais, mesmo quando ideias particularmente complicadas e abstratas são tratadas dessa maneira (por meio de imagens das histórias e de interpretações ditas), há pouco que crianças não consigam compreender. Nessa atividade, há um balanço a ser encontrado entre respeito pelos direitos individuais como leitor e como falante e a leitura cooperativa do grupo – o texto em comunidade que sempre é mais complexo e cheio de *insight* que qualquer leitura individual pode ser.

Esse equilíbrio entre o individual e o comunitário na conversa literária parece para mim uma metáfora de uma sociedade realmente igualitária e democrática. A metáfora não funciona menos quando aplicada para adultos praticando conversa literária entre nós adultos.

Capítulo VI

Comunicando de maneira respeitável

Para ajudar as crianças a falar bem sobre sua leitura, é essencial, tanto para crianças quanto para adultos, concordar que tudo pode ser relatado com respeito.

O que isso significa?

Como muitas crianças sabem que suas respostas são, frequentemente, descartadas como "erradas", "irrelevantes", "bobas", "inúteis", "infantis" (e pior), elas aprendem a guardar seus pensamentos para si mesmas. Ignorar o que as crianças "realmente pensam" as leva ao seu descontentamento com a leitura na escola. Ou elas praticam o jogo "Adivinhe o que se passa na cabeça do professor": relatam como suas próprias o tipo de resposta que sentem que o professor deseja ouvir. Isso reduz o estudo literário a uma espécie de exercício de compreensão de múltipla escolha, com o professor como a única pessoa na sala cujas observações sobre um texto são aceitáveis. Para serem elogiados ou receberem crédito, todos os outros devem fingir que entenderam o livro da mesma maneira que o professor. Como resultado, os alunos aprendem a desconfiar de sua própria experiência de um texto e, por se tornarem habilidosos em falar coisas que não pensaram ou sentiram, são corrompidos pelo engano.

O ponto principal do enfoque "Diga-me" é o que queremos ouvir de verdade sobre a experiência do leitor – prazer ou falta dele, pensamentos, sentimentos, memórias e tudo mais que o leitor deseja relatar. Para que isso aconteça, o leitor deve confiar que o professor realmente deseja uma reação honesta e que, portanto, tudo pode ser "relatado com respeito", sem risco de negação, depreciação ou rejeição. Um leitor pode falar "Este é o pior livro que eu já li" e saber que a observação não será tratada como indigna de atenção.

Pelo contrário, o que todos procuram no início de uma conversa "Diga-me" é um vislumbre do texto, daquele "primeiro livro", experimentado pelo leitor por conta própria. E a partir desses "primeiros livros" compartilhados pelos membros do grupo se cria o texto mais amplo, o livro construído por nossa conversa, aquele que pertence a todos.

Ambos os textos são alcançados da mesma forma. Wolfgang Iser descreve o processo no Capítulo 11 de *The Implied Reader*, onde esta passagem aparece:

> À medida que lemos, oscilamos em maior ou menor grau entre a edificação e o rompimento de ilusões. Num processo de tentativa e erro, organizamos e reorganizamos os diversos dados nos oferecidos pelo texto. Esses são os fatores dados, os pontos fixos nos quais baseamos nossa "interpretação", tentando encaixá-los da maneira como pensamos que o autor queria que eles se encaixassem. Pois, para perceber, um observador deve criar sua própria experiência. E sua criação deve incluir relações comparáveis às que o produtor original passou. Elas não são as mesmas em nenhum sentido literal. Mas com o observador, como com o artista, deve haver uma ordenação dos elementos do todo que está na forma, embora não em detalhes, o mesmo que o processo de organização que o criador da obra vivenciou conscientemente. Sem um ato de recriação, o objeto não é percebido como uma obra de arte. (John Dewey, *Art as Experience*, Nova York, 1958, p. 54).
>
> O ato de recriação não é um processo suave ou contínuo, mas aquele que, em sua essência, depende de interrupções do fluxo para torná-lo eficaz. Olhamos para a frente, olhamos para trás, decidimos, mudamos as nossas decisões, formamos expectativas, ficamos chocados porque elas não se cumprem, questionamos, pensamos, aceitamos, rejeitamos; este é o processo dinâmico da

recriação. Esse processo é dirigido por dois principais componentes estruturais dentro do texto: primeiro, um repertório de padrões literários familiares e temas literários recorrentes, juntamente com alusões a contextos sociais e históricos familiares; segundo, técnicas ou estratégias usadas para definir o familiar em contraposição ao desconhecido.

Se olharmos para nossa conversa anterior gravada por Susan Lamacq nas páginas 44-46, veremos um pouco disto em ação. Em um processo de "tentativa e erro", as crianças olham para a frente e para trás na história, formam expectativas, questões (o final) e se deleitam (sobre o que poderia ser o final), aceitam e rejeitam. Elas falam umas às outras sobre padrões literários familiares (o uso simbólico de estações, o significado de uma cadeira vazia), e trazem seu mundo para o mundo do texto ao fazer alusões para "contextos sociais familiares" (como as pessoas envelhecem, como as crianças pensam).

No que diz respeito à nota de Dewey sobre o "observador", ordenando "os elementos do todo" em um "processo de organização que o criador do trabalho experimentou conscientemente", uma criança pode colocar tudo de forma mais simples. Quando Steve Bicknell perguntou à sala de crianças de 7 anos como elas se sentiram após falarem sobre o livro na modalidade "Diga-me", Wayne respondeu: "Você sente como se tivesse uma outra história ou a história de novo".

Estou sugerindo que a conversa literária deveria seguir o "processo dinâmico de recriação" que Iser descreve. Os professores precisam de um repertório de questões que auxilie leitores a falar de suas leituras. E os leitores devem se sentir seguros e importantes quando contam a história de sua leitura. Devem saber que nada do que eles dizem será mal usado ou voltado contra eles, que eles serão ouvidos e respeitados – e não só pelo professor, mas por todos os outros do grupo também. Eles devem saber que tudo que querem dizer é comunicado de maneira respeitosa.

Capítulo VII

Por que "Diga-me"?

De modo geral, é mais fácil fazer as crianças pararem de falar do que fazê-las começar. E uma das palavras mais desafiadoras é a interrogativa "por quê?".

No início de nosso trabalho "Diga-me", aprendemos a proibir "por quê?" de nosso vocabulário de professor. "Gostei muito deste livro", uma criança falaria, a professora responderia: "Ah, sim? Por quê?", e a resposta, muitas vezes, seria um suspiro, ou um olhar de dor, ou um encolher de ombros, ou um rosto perplexo: com certeza, uma perda visível de entusiasmo.

Qual é o problema com "por quê?"

O mais óbvio é que muitas vezes soa agressivo, ameaçador, oposicionista, investigativo.

Mas existem objeções igualmente válidas. Em primeiro lugar, é uma pergunta abrangente, grande demais para ser respondida de uma só vez. Ninguém pode explicar em algumas frases por que gostou ou não de um livro. Esse é o motivo pelo qual as crianças usam palavras abreviadas que abrangem todas as respostas: foi emocionante, foi divertido; foi enfadonho, foi chato.

Em segundo lugar, a pergunta "por quê?" não lhe dá nenhuma ajuda. Para falar bem sobre um livro, você precisa começar de algum lugar, destacar um detalhe que possa explicar com facilidade. Ao tentar ajudar as pessoas a falar bem, as perguntas iniciais do professor precisam dar-lhes um ponto de partida. Como vimos, o lugar mais óbvio para começar é pedindo aos leitores que falem sobre detalhes de que gostaram ou não gostaram particularmente.

Diga-me...

Como evitar perguntar "por quê?". A solução, quando, enfim, a encontramos, não era apenas simples, mas provou ser um ponto de inflexão, pois nos deu um novo estilo. Chegamos a ela pesquisando o que chamávamos de "parada glótica conversacional". Queríamos dizer uma palavra ou frase inicial que nos impedisse de perguntar "por quê?". Isso nos daria tempo para pensar e forneceria um ponto de partida amplamente útil para questões mais sutis.

A frase que encontramos foi "Diga-me".

Parece óbvio agora, já que se tornou o nome de nosso enfoque, mas não era na época. As qualidades de que gostamos são aquelas que sugerem um desejo de colaboração. "Diga-me..." mostra que o professor realmente deseja saber o que o leitor pensa e antecipa um diálogo conversacional em vez de um interrogatório.

Capítulo VIII

O que significa?

Perguntar "por quê?" não é a única abertura frequente em um interrogatório professor à moda antiga. A questão "O que você acha que isso significa?" é tão ruim quanto variações como: "Era sobre o quê?". "O que você acha que o autor está tentando dizer?"

Não se consegue, imediatamente e de uma só vez, o entendimento de um significado. É descoberto, negociado, feito, alcançado organicamente, à medida que questões mais específicas e práticas (ver 96-106) são discutidas. Provocamos o problema separando as partes com as quais podemos tratar e sobre as quais podemos falar. Depois, compartilhando as partes com as quais cada um de nós pode lidar, gradualmente, reunimos um entendimento que nos diz algo significativo sobre todo o texto. Para que isso aconteça, o professor deve fazer o tipo de perguntas que ajudem os leitores a descobrir e compartilhar sua compreensão das partes que parecem claras para eles. De vez em quando, como um líder de qualquer discussão, o adulto facilitador resumirá o que o grupo parece estar dizendo, para que possa reconsiderar e mudar o foco da conversa, se assim quiserem.

Declarando o óbvio

Com que frequência, em conversas públicas, e até mesmo em particulares, você fica quieto por achar que o que queria falar era óbvio? Quantas vezes você já ouviu – ou disse a si mesmo – "Isso não é bastante óbvio?". Onde aprendemos que é desnecessário ou tolo falar o óbvio? Se paramos para pensar, a única coisa que as pessoas podem dizer é o que é óbvio para elas. É porque as crianças pensam que devem dizer algo que não pensaram – algo que não é óbvio para elas, que são, com frequência, vistas olhando para o professor caladas e perplexas.

A verdade é que, em qualquer discussão, alguns pontos podem ser óbvios para todos, mas muitos outros não. É por isso que participantes experientes em seminários e grupos de reflexão começam reunindo o mais rápido possível – às vezes, chamado de *brainstorming* – tudo o que parece óbvio sobre o tópico em questão. Eles afirmam que encontrar o que não é óbvio emerge de afirmar o que é óbvio, porque saber o que todos nós pensamos ou percebemos, sentimos ou entendemos, é a matéria-prima a partir da qual construímos os sentidos e entendimentos que nenhum de nós ainda conseguiu perceber ou perceberia por conta própria.

É compartilhando o que é óbvio que começamos a pensar o que nenhum de nós pensou antes.

Tenho testemunhado isso acontecendo com tanta frequência enquanto grupos de pessoas de todas as idades falam sobre um texto compartilhado, e ouço isso relatado com tanta frequência por outros professores, que sei que este é um dos aspectos mais emocionantes da conversa literária.

Assim, o professor incentiva os leitores a começar pelo óbvio: falar o que acham que sabem sobre um texto para descobrir o que não sabiam que sabiam. O que, por sua vez, os leva a novos entendimentos anteriormente indisponíveis para cada um deles.

A segurança do professor

Em uma sessão de conversa com crianças mais velhas, ouvi uma aluna perguntar à professora com certa exasperação: "Mas o que você quer que eu diga?". Isso foi um apelo de alguém que passou a acreditar que o que o aluno faz é repetir o que a própria professora pensa, porque é isso que ela quer ouvir. A professora não revelou o que pensava, por isso a aluna se sentiu confusa, ameaçada, ansiosa.

A maioria dos alunos de qualquer idade tende a querer agradar ao professor. E, muitas vezes, presumem que o professor "sabe melhor" do que eles, que detém o monopólio da informação correta. Claro, quando se trata da leitura de um texto, é verdade que o leitor sempre "saberá melhor" do que o professor o que aconteceu com ele – de que foi que gostou e de que foi que não gostou, o que foi intrigante e o que parecia compreensível –, porque isso continua na cabeça do leitor e está escondido do professor, até que o leitor o revela. O leitor sozinho "sabe as respostas". É por isso que, com "Diga-me", começamos compartilhando o que cada um de nós "sabe", para que possamos construir um "conhecimento" composto de nossos vários entendimentos.

Mais uma vez, o papel da professora é como o de uma presidente. Todos nós sabemos que, se um presidente deseja influenciar um comitê, ele primeiro declara seus próprios pontos de vista e, em seguida, pergunta aos outros os deles. Entretanto, se ele realmente deseja saber os pontos de vista do comitê, se contêm e resumem o que os outros disseram antes de apresentar os seus, a discussão pode, então, começar novamente, mas é baseada em uma tentativa mais aberta e honesta de chegar a uma decisão que todos os membros do comitê têm a chance de tomar.

A mesma coisa vale para a conversa literária. A professora não oferece sua leitura do texto até o final da discussão para que o seu o ponto de vista não se torne privilegiado, ou seja, aquele que determina a pauta – aquele que destaca os tópicos da discussão. (Como a agenda da conversa literária é estabelecida sem a interferência do professor – como o destaque ocorre – é explicado nas páginas 86-93). De modo que os alunos tenham confiança em si mesmos como leitores, e sintam-se confiantes para falar uns com os outros sobre a história de sua leitura, porque eles sabem que "tudo é dito de modo respeitável", a professora retém a história de sua própria leitura até que todos tenham se manifestado.

Às vezes, as crianças perguntam à professora o que ela pensa. As respostas não devem ser desdenhosas, mas devem encorajar os leitores a continuar:

- "Te conto em um minuto. Por enquanto, gostaria de ouvir o que você quer dizer."
- "Eu ia fazer isso, mas James disse algo que me interessou e eu gostaria de ouvir um pouco mais dele enquanto me lembro."
- "Te conto alegremente, se ninguém mais quiser dizer nada. Sarah, eu acho que você queria."
- "Bem, sim, mas havia algo que me intrigou que eu gostaria que você me falasse primeiro... [a próxima pergunta "Diga-me" é colocada]."

Constantemente, o professor leva os leitores de volta ao texto e aos aspectos da leitura que os interessam individualmente e em grupo.

Assim como os alunos precisam se sentir confiantes de que tudo pode ser relatado de maneira respeitável, a professora precisa se sentir confiante de que pode lidar com o que é dito – que ela "saberá o que fazer com isso" e quais perguntas então fazer. As professoras, no início do seu trabalho "Diga-me", muitas vezes ficam preocupadas com isso. A chave para a confiança é conhecer o livro muito bem antes de falar sobre ele com os alunos.

Quanto melhor você conhecer o livro, mais poderá se concentrar no que as crianças estão dizendo e melhor saberá quais perguntas "gerais" e "específicas" deve fazer.

Outra preocupação das professoras é "não saber" as respostas para as perguntas: ela mesma não entender tudo do livro. Uma mudança de pensamento deve ocorrer, envolvendo o reconhecimento de que a professora pode fazer perguntas para as quais ela não sabe a resposta, e pode relatar de maneira respeitosa às crianças que ela não sabe, mas que vamos "tentar" para ver se isso nos ajuda.

As questões sugeridas na estrutura (páginas 96-106) são um guia. À medida que a experiência aumenta e a professora percebe que a coisa a fazer é confiar no livro e nas respostas cooperativas do grupo de leitura, mais sua confiança aumentará.

E lembre-se: nunca tente esgotar os livros ou os leitores. Deixe algo para outra hora. Deixe algumas questões não resolvidas. Deixe as crianças querendo mais: mais do livro, mais conversa sobre ele. E nunca tenha medo de encerrar a discussão antes do que pretendia: se o livro for uma escolha ruim ou se as crianças não tiverem muito a dizer sobre ele. Se isso acontecer, não será um fracasso, mas um sucesso: as crianças respeitarão você por isso e estarão mais prontas para tentar de novo com outro livro outro dia. Mesmo algo tão simples como isso pode aumentar sua confiança e a confiança das crianças em você, um adulto em cuja honestidade e capacidade podem confiar.

Capítulo IX

Como você sabe?

Uma sala de crianças mais velhas da escola primária estava conversando com a sua professora, nossa colega Mary Sutcliffe, sobre *The Stone Book*, de Alan Garner. Lá para o fim da sessão, Mark disse: "Primeiro, quando ouvi o livro e quando li para mim mesmo, eu não gostei muito, mas agora, que tenho mais pistas, sabe, eu sei como é e entendo isso mais. Agora eu gosto mais" (De uma dissertação não publicada, *Children"s Responses to Books,* de Mary Sutcliffe, junho de 1987).

Mark está nos contando o que todo leitor hábil sabe: encontrar pistas que ajudem a descobrir o tipo de história que se está lendo, leva a uma melhor compreensão, e compreensão leva ao prazer. As crianças encontraram as pistas ao dizer o que tinham percebido (o que era óbvio para elas), colocando suas dificuldades (confusões), e depois compartilhando suas explicações.

Aqui está tudo isso em ação. A sala está falando do momento em *The Stone Book,* quando a criança protagonista Mary está sozinha numa caverna subterrânea, onde viu as marcas nas paredes (o desenho de um touro, uma forma de flecha e o desenho de uma pequena mão) e a "concentração" de pegadas prensadas no chão, que é formado de uma argila vermelha impermeável chamada Tough Tom. (Os comentários em itálico entre colchetes são meus.)

> SALLY: O que eu não entendo é como a marca [*do pai, em forma de flecha*] está lá na parede quando ele não a fez? [*Dúvida colocada.*]
>
> PROFESSORA: Alguém entendeu isso? [*Explicação convidada.*]
>
> CLAIRE: Isso passa pelas gerações de seu pai, seu avô – eles eram todos pedreiros? [*Explicação baseada numa hipótese que o texto nem confirma nem nega; só o pai de Mary é descrito como pedreiro.*]
>
> ANDREW: Sim, a família tem sua marca especial. [*Observação solidária baseada na mesma suposição.*]
>
> PROFESSORA: O resto da família tinha a mesma marca que ele? [*Esclarecimento convidado.*]
>
> MARK: Quer dizer que era como o seu pai e o pai de seu pai – suas marcas, como sua flecha, eram sua marca? Você acha que o touro e a mão eram suas marcas especiais como a flecha era sua marca? [*Testando. Ele provavelmente não tem certeza e pode ter sentido que algo está faltando na explicação. Ele na verdade está perguntando "Como você sabe?"*]

Mais adiante, Nancy disse:

> NANCY: Você acha que pode ser tipo uma pintura de caverna que eles encontraram? É uma outra história na pedra? [*Propondo outra explicação (na verdade a mais provável). Claramente a professora sente que a sala precisa olhar com atenção para o texto se eles querem encontrar a resposta para a questão, de modo que usa a questão de Nancy como razão...*]

Nesse ponto, recapitulei as histórias que já conhecíamos sobre a pedra – como a pedra foi parar lá, os sulcos e cumes, o touro e os padrões dentro da pedra entalhada pelo pai. [*Essas "histórias" refletem diferentes aspectos da insatisfação do pai com o relato da criação fundamentalista.*]

Voltando à mão, referente ao texto, e quem pode tê-la desenhado – os ancestrais de Mary, os homens das cavernas? Nesse ponto, alguém mencionou as pegadas mais uma vez e houve uma concordância de que esta era uma parte difícil de entender. [*A releitura focou a atenção das crianças em um – destacou – outro problema: como o acúmulo de pegadas foi parar lá.*]

Era necessário voltar a ler o livro – dessa vez, a sessão sobre a flecha, o touro e a mão, para reforçar a discussão que tivemos e pela descoberta que Mary fez das pegadas.

PROFESSORA: Agora que ouviram de novo, há algumas pistas?

Mark sugeriu que as impressões de pés descalços eram de muito tempo atrás, e as impressões de sapato eram dos ancestrais do pai. [*Ele está trazendo seu conhecimento do mundo-como-é para o mundo do texto. Pessoas "de muito tempo atrás" não usavam sapatos, mas muitos ancestrais mais recentes de Mary já usariam.*]

ZENA: Acho que entendo agora.

NANCY: Bem, eu não vejo por que ela pensou que estava numa multidão somente porque havia pegadas. [*Uma professora sem experiência ou desatenta poderia repudiar esse comentário ou tentativa de explicação. Um grupo de crianças que não aprenderam a respeitar umas às outras e a tratar os comentários do próximo como "uma comunicação respeitável" pode fazer graça, ou ser impaciente ou ignorar o colega. Nada disso acontece. Ao invés disso, a professora faz um comentário neutro que convida os outros a ajudar Nancy...*].

PROFESSORA: Entendo.

NANCY: Quando ela disse que estava numa multidão tão real quanto ela... [*Como seu comentário não foi repudiado, ela se sente capaz de tentar esclarecer sua dificuldade. No entanto, uma interrupção corta sua fala num momento crucial...*].

MARK: Eu não entendo [*A professora tem uma opção. Ela pode convidar Nancy a terminar o que ela estava tentando dizer, esperando que ela também descubra que sabe a resposta da sua própria pergunta ao fazê-la. (Eu acho que teria preferido fazer isso). Ou ela pode permitir que a conversa siga seu curso "natural" e ver o que acontece, e foi o que ela fez*].

PROFESSORA: Você não entende isso. Alguém mais tem alguma ideia sobre isso? [*Citando o texto:*] "O Tough Tom estava cheio de gente... Mary estava numa multidão que jamais poderia ter estado lá". Por que não poderia jamais ter sido uma multidão?

MARK: Porque eles não viviam lá juntos [*Raciocínio baseado no seu comentário anterior...*]

ANDREW: Eles não poderiam ter vindo todos juntos.

ZENA: No início, quando ela [*Mary*] olhou para o touro e a marca, pensou que estava sozinha e pensou que era um local secreto, e, quando olhou para as pegadas, ela pensou que não era a única que já estivera lá. [*As respostas de Mark e Andrew estavam parcialmente baseadas em seus conhecimentos do mundo "real". A de Zena é baseada mais na lógica da narrativa em si. A professora agora quer ter certeza de que todos entenderam esse ponto-chave.*]

PROFESSORA: Então, o que poderia nos dar essa sensação de que ela estava numa multidão, por que isso é o que está intrigando a Nancy?

MARK: É porque as pegadas meio que ficaram preservadas lá?

Uma discussão aqui sobre como elas poderiam ter sido preservadas...

PROFESSORA: Então, o que é que a faz se sentir como se estivesse numa multidão? Zena começou a pensar em algo, não é, Zena?

ZENA: Bem, foi, provavelmente, porque as pegadas estavam tão frescas que ela pensou que houve... um minuto atrás houve pessoas lá. [*Isso deveria ter sido suficiente para satisfazer todo mundo, ou talvez eles tenham cansado desse problema por agora. (Veja página 74 sobre conduzir as discussões para o final.) Então...*]

Fomos então para outros enigmas no livro.

Essa discussão aconteceu quando Mary Sutcliffe ainda estava em um estágio inicial do uso do enfoque "Diga-me". Ainda que ela fosse uma professora habilidosa e experiente, nunca perguntou às crianças a questão-chave que está por trás de todos os seus comentários e perguntas: "Como você sabe?". A discussão teria sido ajudada, se ela a tivesse feito.

Se a conversa literária é para nos levar além de afirmações do óbvio, para alcançar interpretações totalmente consideráveis e desenvolver compreensões, precisamos descobrir o que foi que nos fez pensar, sentir, perceber, lembrar, concluir como o fizemos. Precisamos pensar sobre como nós sabemos as coisas que nos ocorreram.

Às vezes, é útil para a professora fazer a pergunta "Como você sabe?". Veja um exemplo de como funciona.

Uma sala de crianças de 8 anos estava discutindo *Onde vivem os monstros*, de Maurice Sendak. Estavam todos absortos em sua aprazível discussão, quando decidiram que Max sonhou que foi ao lugar onde vivem os monstros. A professora, então, perguntou: "Quanto tempo vocês acham que levou para a história acontecer?". As crianças se intrigaram com isso por um tempo, sem conseguir solucionar a questão satisfatoriamente. Enfim, um garoto disse: "Leva o tempo de uma soneca". "Como você sabe?", perguntou a professora. O garoto respondeu: "Max foi mandado pra cama sem comer nada. Ele vai dormir e sonha com monstros. Quando ele acorda no final, seu jantar está esperando por ele e ainda está quente. Quando fui mandado pra cama por ser levado, minha mãe não me deixou lá a noite toda. Ela me trouxe algo pra comer e me deu um beijo de boa-noite".

Embora essa primeira resposta – "Leva o tempo de uma soneca" – seja encantadora, não é necessariamente persuasiva. Apenas quando descobrimos como ele chegou a essa conclusão de que tudo "faz sentido" e soa "certo". O que ele fez, claro, foi pegar a lógica da narrativa – a sequência do enredo – e trazer seu próprio mundo para o texto: sua própria experiência de ser um menino levado que é mandado para a cama sem jantar. Mas ele apenas revela isso porque a professora perguntou "Como você sabe?". É uma pergunta simples, pedir evidências sem sugerir onde elas podem ser encontradas, e ainda não é ameaçadora o suficiente para suscitar a resposta "Eu não sei" ou "Eu chutei". (Tudo é comunicável de forma respeitosa, até mesmo entendimentos intuitivos e chutes pelos quais não se tenha pensado razões.)

Aqui, Margaret Mallet está ajudando um grupo de crianças de 9 anos a contar o que elas sabem e o que descobriram como resultado da leitura de *The Sheep-Pig*, de Dick King-Smith, junto com livros informativos e panfletos sobre porcos. Mallet diz: "Algumas vezes, o ato de reflexão revela uma incompatibilidade entre nosso conhecimento de senso comum e o que lemos. Perguntei às crianças se ler os livros e panfletos alterou suas visões".

STUART: ... que porcos são animais muito limpos!

MM: Antes, você tinha a impressão de que eles eram sujos? Por que as pessoas pensam isso?

BB: Porque eles rolam na lama e coisas assim.

STUART: ... e eles fedem um pouco.

MM: ... se eles são mantidos em cativeiro. Eles fedem se ficarem no campo, Wendy? [*A experiência especial de Wendy (numa fazenda de porcos) a faz a "expert" do grupo*].

WENDY: Eles ainda fedem um pouco no campo, mas os pequenininhos não.

MM: Está na nossa língua, não é – essa ideia de "porcos sujos"?

Uma das coisas sendo aprendidas aqui é que nosso conhecimento de senso comum é, algumas vezes, modificado pelo que lemos. É essa dissonância que pode estimular reflexão.

MM: O que diz aqui que faz o Stuart dizer agora que o porco é um animal limpo? O que ele faz para pensar que é limpo?

STUART: Diz que eles rolam na lama e depois se limpam e vão para o banheiro num lugar separado. [*Olhando para o texto e parafraseando*].

WENDY: Sim, eles não se sentam na parte do campo em que eles vão ao banheiro. [*Wendy traz seu conhecimento de primeira mão apropriadamente*].

MM: O que vocês não sabiam era que porcos não suam. Vocês sabiam disso? [*Isso é mencionado no texto*].

WENDY: A pele deles é mais seca e eles não têm tanto sal no corpo como a gente.

MM: Como você sabe, Wendy?

WENDY: Porque eu perguntei para um fazendeiro sobre a pele deles, e ele disse que eles não suam e que têm menos sal que a gente.

MM: Isso é interessante.

WENDY: Sim – porque, quando você sua, o sal sai, não é? [*Aqui o texto ajudou Wendy a refletir e entender suas observações em primeira mão.*]

Um ponto essencial imbuído na questão básica "Como você sabe?" é esse: uma das coisas que a professora faz é ter certeza de que os leitores continuem voltando ao texto, e a sua experiência de lê-lo, para descobrir a origem de seus "saberes". Os estudantes logo passam a esperar, empaticamente, desafios formulados para comentários vagos, e começam a usá-los uns com os outros. Eles reconhecem que, cada vez que fazem isso, ficam mais próximos de falar o que querem dizer.

Mas que texto deveríamos pedir que crianças lessem com tal cuidado? Como os escolhemos?

Capítulo X

Selecionando o texto

O Círculo de Leitura[7] nos lembra que tudo começa com a seleção. Antes de podermos falar de um livro, precisamos tê-lo lido. E porque o livro que escolhemos conterá nele potencialidades para nossa fala – assunto, ideias, linguagem e imagem, provocações à memória, e assim por diante –, escolher um livro é uma atividade de alto valor. Aqueles que escolhem estão exercendo poder.

Pense no debate sobre "cânon" literário: os livros considerados dignos de estudo no nível universitário. Pense na preocupação constante entre adultos, se as crianças são ou não prejudicadas por lerem "porcaria" e o que é "porcaria" ou não é. Isso importa, pois todos sabemos, quer admitamos ou não, que o que você lê tem efeito em você. (Na verdade, haveria pouca razão para ler se não

---

7 O círculo de leitura, ou *the reading circle*, no original em inglês, é um esquema que explica como uma sequência de atividades leva à outra. Foi construído por Chambers no segundo capítulo de seu livro *The Reading Environment*, ainda sem tradução para o Português. (Nota da Tradutora).

tivesse.) O efeito não é, necessariamente, o que o escritor intencionou provocar ou o que seus professores ou pais esperavam – ler a Bíblia não necessariamente o converte ao cristianismo, ler *Das Kapital*, de Karl Marx, não o faz comunista necessariamente e ler *Mein Kampf*, de Hitler, não necessariamente o torna antissemita. Mas, sem dúvida, há um efeito de algum tipo, e, portanto, sabemos que importa o que você lê e quem faz essa escolha.

A seleção de livros infantis que devem ser "estudados" na escola é feita, em geral, de três maneiras:

- Escolha do professor sem consultar as crianças.
- Escolha das crianças, aprovada pelo professor.
- Leitura obrigatória do "livro selecionado", imposto ao professor e crianças, por uma autoridade "maior": diretor ou chefe de departamento, sistema de exame, currículo profissionalmente acordado, determinação governamental.

Desses, a escolha do professor é a mais significante aqui; mas algumas questões gerais devem ser consideradas:

1. Tempo. A conversa literária ao estilo de "Diga-me" consome tempo. Com frequência, a sessão com crianças de nove anos se estende por quarenta minutos ou uma hora. Até mais, algumas vezes. Menos tempo que isso, geralmente, mostra que o livro provocou muito pouco – era banal, talvez, ou muito conhecido e fácil de entender; ou era demais para as crianças, apresentando muitas dificuldades que estão fora do alcance de seu conhecimento ou de leitura anteriores; ou eles estavam sem o ânimo adequado, suas mentes direcionadas para o lado contrário da atividade, e não conseguiram "se entregar".

Idade também não é algo para se embasar. Observei e ouvi crianças de cinco anos passando cinquenta minutos conversando sobre um livro de ilustrações. Fiquei próximo a um grupo de crianças de sete anos por uma hora e trinta minutos, falando de poemas do livro *Roger was a Razor Fish*, de Jill Bennett. Colegas me contaram de grupos de crianças de dez anos que precisaram de duas ou três sessões de quarenta minutos cada para conseguir passar por tudo que queriam dizer sobre os livros que os deixaram absortos. Até bem pouco tempo, a maioria dos professores não havia pensado ser possível que crianças se concentrassem por tais períodos. O que torna isso possível é a escolha do livro e a habilidade do professor de manter o discurso.

Por tanto tempo ser necessário, um valor educacional alto é colocado na atividade em si, bem como nos livros escolhidos para discussão, o que demonstra que sessões "Diga-me" nunca podem ser algo rotineiro. A maioria das salas de ensino primário tem sorte se conseguem fazer uma sessão uma vez a cada duas ou três semanas. É bem óbvio que a professora deve identificar razões fortes para a escolha do livro.

2. **Contexto.** Se você está alarmado pelas implicações do tempo, você deve se lembrar que a conversa literária do "Diga-me" não é uma atividade isolada, não é o único momento que as crianças falam sobre o que elas leram, nem esses livros de "alto valor" são os únicos sobre os quais elas falam. A conversa literária do "Diga-me" só funciona bem quando acompanhada por uma conversa menos formal e bate-papos informais entre as crianças mesmas e entre professor e crianças dentro e fora das salas de aula. A conversa literária do "Diga-me" é uma atividade completa e especial, parte de um ambiente de leitura rotineiro mais vasto que lhe dá suporte e a estende.

3. ***Respeitando os gostos das crianças***. Assim como crianças falam melhor quando sabem que tudo pode ser comunicado de maneira respeitável, também seus "estados" mentais – suas atitudes para com a fala formal – serão positivos e favoráveis, se souberem que seus gostos de leitura também serão respeitados. Isso denota que a professora deve mostrar disponibilidade de tornar a escolha da criança uma parte da seleção do "Diga-me".

Como isso é feito é mais uma questão de personalidade e experiência da professora do que uma receita. Algumas conseguem discutindo sua escolha com as crianças, outras permitindo que a escolha surja dos entusiasmos das crianças, algumas elegem grupos-comitês para selecionar, falar, um livro por semestre, e por aí em diante. Uma professora que conheço configura um grupo "cerne" de cinco livros, que devem todos ser lidos ao longo do ano pelas crianças, junto com uma lista "suplementar" dos que as crianças precisam ler, pelo menos 25 durante o ano. Eu não acho que importa a forma como se escolhe, desde que seja honesta e compreensível para as crianças. Claramente, há questões difíceis que devem ser abordadas. Do equilíbrio, por exemplo: qual a proporção de escolha das crianças que deve ser permitida? E o que a professora deveria fazer quando crianças querem falar de um livro que a professora considera inadequado ou uma perda de tempo?

Alguns princípios orientadores:

- Seja o mais aberto e honesto possível. Confie na habilidade e na disposição das crianças de compreender por que você pensa da forma como se expõe. Isso provocará discussão que, por si, é muito útil sobre suas razões para aceitar ou rejeitar um livro e quantas de suas escolhas deveriam ser incluídas.

- As crianças esperam que um professor seja decisivo e sabem que estão na escola para aprender. Uma vez que seus argumentos foram ouvidos e discutidos, tome uma decisão, explique por que é a melhor decisão para suas necessidades como aprendentes e, então, atenha-se a ela.

- Às vezes, crianças podem aprender tanto cometendo erros quanto sendo guiadas pelo julgamento da professora. Durante as primeiras sessões do "Diga-me", é útil incluir um livro escolhido pelas crianças, mesmo se parecer uma escolha muito errada. Isso demonstra a disposição da professora em respeitar suas preferências e, geralmente, tem um de dois resultados. Ou a professora descobre, a partir das conversas das crianças, que há mais no livro do que ela havia pensado, ou as crianças descobrem que o entusiasmo pessoal por um livro não necessariamente expressa que ele é bom para uma conversa formal concentrada – até mesmo, talvez, que não é bem o livro que pensaram ser. Além disso, se o livro não demanda muito, a conversa se dissipará e todos ficarão felizes de seguir com alguma outra coisa, para que não seja perdido tanto tempo de qualquer forma. O que leva ao próximo ponto.

- Nunca tema abandonar uma sessão se ela não estiver indo bem, pois isso poderá levar toda a atividade aos escombros. Explique para as crianças o porquê de você estar fazendo isso e pergunte se elas concordam. Aqui está outro aspecto de tudo ser compartilhado de maneira respeitável. (Já fiz isso alguma vezes – sugeri que parássemos a sessão, porque pensei que ninguém estava tirando muito dela – só para o grupo me falar que eles queriam continuar um pouco mais. Eu interpretei mal a falta de resposta como tédio e falta de interesse, quando, de fato, tudo que se precisava era de mais tempo para pensarem. Eu estava esperando demais e muito cedo.)

Escolha do professor

A seleção de muitos professores para ler um livro em voz alta e para estudá-lo em sala tende a ser uma mistura de favoritos conhecidos por sua experiência, por obterem sucesso com alguns deles, e novos livros descobertos que excitem tanto o entusiasmo do professor que ele mal pode esperar para experimentá-los. Não importa quão bem isso possa funcionar na mão de um professor habilidoso, estimular as crianças a lerem o que o professor quer não é o suficiente. (Nas mãos de um professor fraco, mal-informado ou desinteressado em leitura literária, pode ser até desastroso para as crianças.)

O ponto a ser mantido em mente é que todas as novas leituras dependem de experiência prévia. Olhe o que acontece quando o sistema público de avaliação requer que um adolescente de quinze anos estude, vamos dizer, uma seleção de poesias de Ted Hughes. Se o aluno não leu, ou a ele não foi ensinado nada sobre poesia, então, provavelmente, os poemas de Hughes parecerão "difíceis". Se o aluno leu e a ele foram ensinadas várias poesias "infantis", mas não somente aquelas que usam ritmos e rimas regulares, e está confortável e maravilhado pelo tratamento do assunto, então, o trabalho de Hughes parecerá estranho, peculiar, esquisito, perturbador e difícil. Em todo caso, o aluno teria mais chances de se desinteressar que se animar. A explicação é bem simples. A experiência prévia do aluno não o preparou para esse tipo de escrita. Ele não sabe "como ler poesia".

Na verdade, não há nada muito difícil na linguagem de Hughes – sua escolha de palavras, o jeito como ele as arranja. Não há também nada particularmente difícil na sua técnica poética. Mas ele usa ambas, linguagem e técnica, de forma densa: ele concentra muita coisa em poucas linhas. Se alguém nunca se deparou com algo assim antes, ou algo parecido, mas um pouco menos denso, então, parece difícil, estranho, esquisito. Se você não se sente "à altura", isso te assusta e você quer desistir e voltar para o familiar, que você conhece e "aproveita" mais.

A questão para professores é: O que uma criança precisa ler, quais poemas a preparariam para seu encontro com Hughes e seu tipo de poesia? A mesma questão pode ser aplicada para todas as leituras. O que uma criança deveria ler para estar "preparada" para Shakespeare, quando ela for adolescente? Quais histórias uma criança deveria ler que tornarão possível que ela, eventualmente, leia grandes romancistas modernos? Isso é feito pela leitura de poemas, peças, histórias – um tipo de curso preparatório de textos-chave? Ou isso é feito de outra forma?

Não há uma única resposta correta para qualquer uma dessas questões. Muito depende do local e das circunstâncias históricas, sem falar das particularidades de cada criança em sua individualidade. Toda professora tem que encontrar respostas que são corretas para sua situação. Ela não deveria fazê-lo sozinha, mas em cooperação com colegas da escola e da comunidade. Aqui, mais uma vez, a conversa é a chave: enquanto negociarmos juntos as respostas para questões muito difíceis como essas, estaremos protegendo os interesses de nossas crianças da melhor forma que pudermos.

Aqui está um exemplo. Lá para o fim de um curso de leitura e literatura na escola primária, coloquei os membros numa tarefa de compilar listas de livros que eles deveriam usar para aconselhar todo professor iniciante a ter lido antes de começar seu primeiro emprego. Os professores se dividiram em grupos de cinco. A um grupo, foi dada uma lista de poesias para compilar, a outro grupo, livros de ilustrações, a outro, ficções para crianças de 6 a 9 anos (incluir contos tradicionais) e a outro, com romances. A escolha estava limitada a vinte títulos cada.

O grupo de poesia teve um pouco de dificuldade, embora não pudessem aceitar menos de vinte e três títulos e consideravam todos eles, exceto três, como adequados para todas as faixas etárias, acreditando que a poesia não pode ser considerada como própria para idades específicas, exceto nas questões linguísticas. O grupo de livros de ilustrações também teve dificuldade, mas não conseguiu listar menos de trinta e quatro títulos. Estes foram separados em "Primeiros encontros" e em "Próximos encontros", pois sentiram que havia uma ordem em que um livro ajudaria a criança a ler outro com mais "facilidade". O grupo de ficções se mostrou muito crítico com os livros publicados para a faixa etária de seis a nove anos – muitos livros de séries rotineiras do tipo banal, todos feitos para se parecerem, disseram – e depois de muita discussão, por fim, decidiram por quinze livros-"chave", quatro "clássicos" e três coleções de contos tradicionais encabeçados por uma introdução:

> Essa lista é um representativo dos autores significativos que escrevem para essa faixa etária. Está ordenada para formar uma progressão natural dentro das quais há três categorias: relacionamentos; animais; fantasia e crônicas.

O grupo que fazia a lista de romances teve a maior dificuldade e levou mais tempo que todos. O problema, disseram, era que havia tantos livros que eles gostariam que um professor iniciante conhecesse, que era impossível limitar o número a vinte; e, na verdade, não eram tantos assim os livros que importavam, mas certos autores em particular.

A solução que encontraram foi dividir a lista em duas seções: a primeira, de doze livros escritos por sete autores; a segunda, de vinte e três livros por dezessete autores. A introdução dizia:

> A lista da primeira seção tem livros muito importantes escritos por autores muito importantes. A segunda suplementa a primeira e a complementa. Algumas vezes, demos dois títulos, um, eventualmente, levando ao outro.

Portanto, esses professores tinham também uma visão sobre progressão, sobre um livro, um tipo de narrativa, até mesmo um autor que preparava para outro.

Embora suas listas fossem úteis para estudantes em formação inicial naquela hora, bem como para professores que faziam o curso, o maior valor estava na discussão de questões fundamentais geradas entre os cursistas – quais livros suas crianças deveriam ou não estudar e ler e por quê. Se eles adotaram as listas ou não importava menos que o compartilhamento de suas práticas diárias, dando oportunidade de questioná-las e pensá-las. Dar ao exercício um propósito real – preparar listas para estudantes em treinamento – e focar nas questões fundamentais de forma incomum e, de modo praticamente específico, usando seus próprios conhecimentos profissionais e retrospectivos – quais livros você conhecia no início da sua carreira para ser capaz de bem conduzir crianças desde o primeiro dia? –, ajudou professores a caminhar para seus problemas atuais e diários a partir de uma direção nova.

Em uma outra ocasião, pediram a um grupo de professores que decidissem quais diferentes tipos de modos narrativos as crianças deveriam encontrar até o momento de deixar a escola primária e que listassem os livros que exemplificariam. Sua lista de modos narrativos incluiu:

- Narradores em primeira pessoa
- Narradores em terceira pessoa
- Combinações de primeira e terceira pessoa
- Histórias escritas usando o tempo verbal no passado, presente histórico e combinações de conjugações
- Cartas
- Diários
- Monólogos interiores
- Histórias confinadas ao diálogo e à ação narrativa, sem comentários do narrador ou pistas das vidas interiores dos personagens
- Histórias contadas somente com diálogo
- Roteiro teatral
- Histórias em que palavras e imagens são integradas e usadas para contar a história, mas não são livros de ilustrações ou histórias ilustradas

- Histórias ilustradas
- Quadrinhos
- Histórias do dia a dia contemporâneo; de fantasia; de história; de possíveis futuros.

Quais outros modos você e seus colegas adicionariam?

A lista de livros que os acompanhava tentou cobrir a faixa etária primária. Como o tempo sempre é curto, eles deram ênfase especial para a ficção que combinava mais de um dos modos narrativos. Por exemplo, *Dear Mr. Henshaw*, de Beverly Cleary, combina um narrador em primeira pessoa, em ambos os formatos de diário e carta, e é uma história da rotina diária contemporânea, apreciada por um vasto alcance de leitores entre 8 e 11 anos. *The Stone Book*, de Alan Garner, usa diálogo com narrativa em terceira pessoa, conjugada no passado, confinada à ação, não discute motivação ou narra os pensamentos interiores dos personagens, é baseada na História (1860), é controlada por uso sutil de imagem e construída cuidadosamente, como um poema ou uma peça musical, como uma sequência de "movimentos" ligados ou episódios passados todos durante o curso de um dia na vida da protagonista, Mary.

Uma professora, ao revisar seu trabalho, publicou um estudo de caso em um artigo intitulado "Irony age infants", na *Times Educational Supplement* (23 de abril de 1993). Esther Thomas descreveu como ajudou suas crianças em idade de creche (4 a 5 anos) a descobrir a qualidade essencial da ironia:

> Tendo revisado recentemente nossas provisões de livros... soube que vários eram pontos de partida ideais para que crianças apreendessem a ideia de mais de um nível de sentido acontecendo em um mesmo lugar ao mesmo tempo, alguns que mostravam sentidos contraditórios... Por certo esse é um ponto de partida ideal para a apreensão da ideia de significados simultâneos onde eles são relativamente fáceis de distinguir.

Para introduzir a ideia de ironia, Esther Thomas usou livros como *A Walk in the Park* e *Changes*, de Anthony Browne, *Our Cat Flossie* e *If at first you do not see*, de Ruth Brown, *Time to Get Out of the Bath, Shirley*, de John Burningham, *Rosie's Walk*, de Pat Hutchins, *Awful Arabella*, de Bill Gillham.

Ela é enfática ao afirmar que "crianças precisam de encorajamento para olhar para as coisas e falar sobre o que elas viram" e "tempo para folhear e falar sobre ilustrações" antes de "formar o hábito de esquadrinhar imagens por significados alternativos". Sua experiência demonstra como uma professora pode projetar um programa de leitura e fala aprazíveis que tenha uma justificativa, um propósito subjacente, ajudando crianças a se desenvolverem como leitores literários sofisticados e cheios de ideias. Depois de relatar um grupo de conversas literárias de crianças de sete anos, enquanto lia *Never Satisfied*, de Fulvio Testa, ela concluiu que:

- A maioria das crianças conseguiu ver ou ser ajudada a ver dois possíveis níveis de sentido na história.
- A habilidade de eles mesmos decodificarem o texto não foi necessária para tal entendimento se desenvolver.
- Nem idade nem sexo afetam suas respostas.
- Adultos deveriam tomar cuidado ao impor suas próprias pressuposições às crianças.

Com base nessa amostra limitada, parece que crianças em idade de creche podem ver ironia em seu nível mais simples, se livros apropriados e uma conversa literária sensível forem usados. A satisfação que a maioria das crianças demonstrou me encoraja a acreditar que repetir esse tipo de atividade de leitura estenderá a expectativa das crianças para com a literatura: elas passarão a esperar que um livro ofereça mais que o óbvio.

Conseguir ler entrelinhas também inclui o reconhecimento de diferentes interpretações possíveis do sentido. Crianças precisam ouvir versões alternativas da mesma história de ficção e, depois, conseguir saber que diferentes jornais podem apresentar relatos conflitantes da "verdade", assim como diferentes historiadores e diferentes cientistas.

A revisão de Esther Thomas de seu trabalho e o que ela estava tentando atingir levaram a conclusões sobre as capacidades de crianças muito pequenas que ela poderia não ter pensado possíveis no início de sua carreira, que com certeza seriam questionadas pela maioria dos adultos trabalhando com crianças dessa faixa etária. Revisar seu trabalho também a levou a compilar uma sequência coerente de livros com o intuito de desenvolver um aspecto particular da experiência de leitura das crianças. Todos precisamos fazer isso, em qualquer estágio da educação em que estejamos trabalhando.

Tente adicionar seus próprios exemplos de livros-"chave" na sua lista de encontros formais essenciais; e faça a mesma coisa com o grupo de colegas. Seu conhecimento de livros será testado dessa forma; e você logo saberá as lacunas que precisa preencher.

Registros de leitura

Um ponto relacionado com o desenvolvimento do conhecimento das crianças. Se toda nova leitura depende de leituras prévias, então, é óbvio que um adulto habilitado precisa saber o que a criança já leu e já ouviu lerem em voz alta, se o adulto quiser tomar decisões informadas acerca do que oferecer adiante. Só podemos fazê-lo se o registro de livro por livro das leituras das crianças for mantido. Eu lido com isso em detalhe no capítulo 8, "Keeping Track", na primeira parte de *The Reading Environment*.

Em suma: a escolha da professora pela conversa literária deveria ter uma justificativa, não deveria ser arbitrária, não deveria confiar somente no impulso do momento. Precisa ser revisada e renovada regularmente, assim como seu conhecimento literário precisa ser incrementado o tempo todo, o que significa manter contato tanto com o que está sendo publicado quanto com outros adultos hábeis que compartilhem suas leituras e estratégias de ensino.

Capítulo XI

Lendo o texto

A natureza e a qualidade da nossa conversa sobre um livro dependem bastante da nossa leitura – quanta atenção prestamos, que partes nos entediaram, o que pulamos, o que nos empolgou, o que nos deixou pensativos, o que despertou fortes emoções, o que provocou fortes memórias de nossa vida passada, quais nos ensinaram coisas que não sabíamos, e assim por diante. Fica claro, então, se quisermos ajudar as crianças a falar tão bem quanto podem sobre um livro, devemos pensar sobre as circunstâncias de sua leitura – onde e quando ela será feita. *The Reading Environment* aborda esses aspectos do assunto em detalhes. Para o presente propósito, ele pode ser discutido sob estes títulos:

Leitura em sala

Porque o dinheiro é sempre curto e os recursos para compra de livros são menores do que nunca, o principal problema de toda leitura compartilhada na escola é ter cópias suficientes de qualquer livro, então, precisamos tomar decisões sobre que tipo de leitura compartilhada é adequada a quais livros. Alguns livros são lidos melhor individualmente pelas crianças fora do momento de aula. Alguns livros funcionam muito bem quando lidos em voz alta e podem ser passados para uma segunda leitura pelas crianças por conta própria ou em pares ou trios. Poemas e alguns contos podem ser impressos (dentro dos termos da lei de direitos autorais, é claro). A maioria das escolas cria uma coleção de livros que os funcionários consideram regularmente úteis. Mas todos os professores veteranos contam histórias de armários de estoque que escondem pilhas de conjuntos comprados ao longo dos anos em momentos de entusiasmo ou por professores que já se foram, deixando legados caros que agora ninguém quer usar.

Leitura no próprio tempo

Também conhecido como "lição de casa". Para a maioria das crianças, isso quer dizer que ler se torna uma tarefa árdua e o prazer é diminuído, senão perdido. É por isso que os livros escolhidos para a conversa literária devem, sempre que possível, emergir do entusiasmo das próprias crianças – ou pelo menos parecer que foram, pois um bom professor é hábil em gerar entusiasmo de leitura para com os livros que deseja que a classe leia. No entanto, os professores não devem ter medo de, às vezes, exigir que um livro seja lido; com alunos mais velhos, isso é inevitável em razão das exigências do currículo e do sistema de avaliação. Contanto que haja uma mistura de opções, a necessidade ocasional não precisa se tornar chata ou entediante. É invariável e regular a escolha do professor ser lida como dever de casa, algo que ajudou a formar tantos leitores relutantes e insatisfeitos.

Releitura

As crianças conhecem os prazeres de reler; elas sempre releem seus livros favoritos. Críticos sabem da necessidade de reler; é a única forma de conhecer bem o suficiente um texto para considerá-lo mais que uma atenção superficial de passatempo. Claro, leitores experientes podem fazer mais com uma leitura do que leitores inexperientes. Mas, qualquer que seja sua facilidade, o ponto se mantém: livros que valem a pena sempre valem (ou exigem) uma releitura.

Uma professora canadense que conheço, Mary Mesheau, tem uma lenda pregada na parede que diz: ler um livro pela primeira vez é como fazer um novo amigo, e reler é como voltar a ver um velho amigo (um bom resumo do livro *The Company We Keep*, de Wayne C. Booth). Quando visitei sua sala de aula de crianças de 10 anos, as crianças me falaram sobre histórias com multicamadas (frase delas). Expliquei o que eu achava de camadas de solo e de pedra, uma embaixo da outra, no chão abaixo de nossos pés. Elas explicaram que pensaram mais em camadas como num bolo, com várias camadas e recheios.

Não estou sugerindo que deveríamos sempre requerer uma releitura para a conversa literária do "Diga-me", mas que deveríamos encorajá-los pela própria releitura, confirmando o valor e o acerto quando encontramos crianças relendo livros, porque elas querem ou pensam que isto ajudará em seus estudos. Estou sugerindo que deveríamos empregar técnicas sutis para ajudar as crianças a reler as partes das suas atividades de conversa literária. (Eu expliquei a importância dessa questão em "Como você sabe?", uma de suas consequências é exatamente fazer o leitor voltar ao texto para encontrar o que provocou sua resposta.)

Da mesma maneira, um dos benefícios de uma conversa literária bem-sucedida é que crianças em geral querem reler o livro pelo que outras crianças disseram sobre ele. Em outras palavras, reler não necessariamente vem antes da fala, mas depois. E, algumas vezes, isso leva a mais conversa, seja ela formal ou informal.

Livros de ilustrações, poemas e contos são mais fáceis de reler antes e durante a conversa do que longos livros, o que é uma razão pela qual vários professores usam esses textos mais frequentemente para sessões de conversa literária. Esteja atento a isso, caso contrário, algumas formas de narrativa que crianças deveriam encontrar podem ser puladas ou deixadas de fora.

Tempo entre leitura e fala

Não espere a mesma maturidade de resposta depois de um texto que foi lido pela primeira vez como de um lido após um intervalo entre ler e falar, quando as crianças tiveram uma chance de refletir sobre ele. Claro que o intervalo de tempo não deve ser tão longo que detalhes importantes sejam esquecidos. Um fim de semana costuma ser o certo, duas semanas é demais, a menos que o texto seja curto e possa ser relido antes da conversa. Muitas vezes, você pode sentir, após uma leitura, se o livro deve ser deixado por um tempo. E uma vez que as crianças estão familiarizadas com o enfoque "Diga-me", elas lhe informarão quando sentirem a necessidade de pensar sobre um livro ou relê-lo antes de falar. De fato, isso se torna parte da atividade de contar aos outros sobre sua leitura.

Se você precisa fazer uma pausa e pensar sozinho com o livro-em-sua-mente, talvez para dar uma olhada novamente entre uma passagem e outra: tudo isso pertence à experiência daquele texto particular. Dessa forma, o tempo que o texto leva para ser lido torna-se parte do prazer de leitura.

Conversas informais entre leituras

Durante a leitura serializada de um livro, haverá, geralmente, oportunidades para conversas literárias informais. Isso pode ser muito importante para sustentar o interesse em romances mais longos.

Capítulo XII

Destacando

Toda leitura começa por selecionar algo para ler. Toda conversa literária começa por destaque – selecionar sobre o que se vai conversar.

No modelo ditado pela professora, de como a conversa literária deve ser conduzida, geralmente, é ela quem escolhe o tópico. Se a sala está estudando, por exemplo, *Macbeth*, a professora pode começar dizendo algo como "Semana passada pensamos sobre a influência das três bruxas sobre Macbeth, nessa semana, quero que a gente pense sobre a Lady Macbeth...". Ou, se a sala leu *The Eighteenth Emergency*, de Betsy Byars, pode direcionar a conversa para o personagem sujeito ao *bullying*. Até mesmo se perguntar "Qual pareceu para vocês a coisa mais importante da história?", provavelmente seria selecionado entre as respostas o tópico que mais interessaria, ou que as crianças pensariam ser de maior benefício para a discussão da sala.

Não há nada intrinsecamente errado com esse enfoque, e não estou sugerindo que deveria ser abandonado por completo; ele tem um lugar como estratégia de ensino. Mas suspeito que ele dê pouca atenção para o que tem maior interesse ou o que mais pareceu significativo para os estudantes leitores. Trata-se mais de que os leitores descubram o livro que o professor quer que eles encontrem, em vez de uma conversa cooperativa, em que uma comunidade de leitores faz descobertas muito além de qualquer coisa que poderiam ter descoberto sozinhos.

Para esse tipo de conversa mutualmente cooperativa, o crítico Wayne C. Booth cunhou o termo "coduction", do latim *co* ('junto') e *ducere* ('liderar, arrancar, trazer, tornar claro'). Em outras palavras, numa conversa literária condutiva[8], todos nós, como comunidade de leitores, cooperamos para arrancar de cada um o que pensamos e o que sabemos sobre o texto e nossa leitura dele. É esse tipo de conversa cooperativa que o enfoque "Diga-me" objetiva atingir. Se a intenção da parte do professor for genuína, os tópicos selecionados para uma discussão devem vir dos leitores como um grupo, em vez de vir dele ou de qualquer outra pessoa dominante.

Como isso é atingido? Por um simples prelúdio da discussão em si. Começamos descobrindo o que é que ocupa nossas mentes, das quais emergirá o primeiro tópico a ser destacado. Dessa forma:

Destacando o primeiro tópico de conversa

1. Quatro questões básicas. A professora, ou o líder da conversa literária (porque sempre é necessário haver um professor), pergunta em turnos as quatro questões básicas de conversa literária: Diga-me...

- Houve algo de que você gostou nesse livro?
- Houve algo de que você não gostou?
- Houve algo que o intrigou?
- Houve padrões – ou conexões – que você percebeu?

---

8   O termo usado por Chambers no texto original foi *coductive*. (Nota da Tradutora)

É pedido aos leitores que deem apenas respostas ao estilo de uma manchete, uma palavra, se possível, sem pedir que expliquem qualquer coisa.

Cada pergunta é feita de uma vez, dando ao grupo tempo suficiente para relatar o que parece óbvio para eles. Assim que as respostas precisarem de mais tempo para ser pensadas, o professor segue para a próxima pergunta, mas deixando claro que respostas para as perguntas anteriores ainda podem ser adicionadas nas listas.

As palavras dos leitores deveriam ser usadas no fazer dessas listas. Se você (professor ou líder) não compreender, use a técnica "Você quer dizer... ou...?" para sugerir possibilidades de esclarecer a confusão, mas, ainda assim, usando somente as palavras sugeridas pelo leitor.

Transcreva as listas; melhor numa lousa ou num projetor – algo grande o suficiente para que todo o grupo as possa ver. Se isso não puder ser feito, ou só para variar, escreva-as em um grande bloco de notas. A questão-chave é que as listas devem ser salvas para que possam ser consultadas posteriormente. Mas, para melhores resultados, os leitores devem conseguir vê-las por si mesmos.

Figura 1

GOSTOU

- A forma como a lesma apareceu no final das páginas
- Gostei, porque tenho 9 anos e tenho asma e tenho um irmão que tem 7 anos (Nota: sem pai na família)
- A ideia de obter um trabalho como uma desenhista de linha reta
- Gostei dele contando sobre suas próprias preocupações
- A maneira como sua mãe o chamava de o menino mais querido do mundo o tempo todo
- O início repentino do livro, porque era diferente
- Sua irmã inventando um país estrangeiro para encaixar a moeda estranha
- Sua irmã fingindo ser entrevistadora de TV
- A maneira como ele ajudou sua irmã quando ela teve um ataque de asma
- A maneira como ele tem o seu próprio jeito de fazer as coisas
- A maneira como ele se preocupou com sua esposa e filhos no futuro
- "Eu, geralmente, não gosto de ler livros duas vezes, mas esse deu vontade de ler sozinho agora que você leu para nós."

NÃO GOSTOU

- A maneira como Tim falava sobre a morte de seu pai o tempo todo
- A maneira como sua irmã tinha medo de morrer de asma
- Quando ele ficava sentado na calçada e olhando para o chão o tempo todo
- A placa e o chapéu e esperando que as pessoas colocassem dinheiro nele
- Ele estava implorando
- Difícil de se interessar no começo
- O final

COISAS QUE ME INTRIGARAM

- O jeito que acabou – nem feliz nem triste. Realmente, não fazia sentido, mas os desenhos ajudaram
- O castelo na lesma
- Eu não entendi o que significava colocar açúcar no chá após um ataque de asma
- Sua mãe o deixando implorar por dinheiro
- A moeda estrangeira
- O jeito que ninguém tentou roubá-lo quando ele estava mendigando na calçada
- O jeito como sua irmã zombou dele quando ele estava na calçada

QUALQUER PADRÃO OBSERVADO

- Lesmas
- O castelo na lesma
- Os ataques de asma de sua irmã
- Suas preocupações
- A lesma sobrecarregada sendo subjugada pelas outras
- A conexão entre o livro que sua irmã lhe deu, a história de seus problemas e as lesmas na página
- O chapéu de seu pai

Figura 2

GOSTOU	NÃO GOSTOU
– O jeito que a lesma veio no fim da página	– Tim falando do pai toda hora
– Conseguir um trabalho como desenhista de linha reta	– A irmã com medo de morrer de asma
– Tim falando de suas preocupações	– Tim sentado na calçada olhando pro chão toda hora
– Sua mãe o chamando de querido toda hora	– A placa e o chapéu de Tim esperando que pessoas colocassem dinheiro nele – estava mendigando
– O início repentino	
– O livro todo, porque era diferente	
– A irmã fingindo ser entrevistadora de TV	– Difícil de se interessar no início
– O jeito que Tim ajudou sua irmã quando ela teve um ataque de asma	– O final
– Ter seu próprio jeito de fazer as coisas	
– Preocupar-se com sua mulher e filhos no futuro	

ENIGMAS	PADRÕES
– A forma como terminou	– Lesmas
– Meio sem sentido, mas os desenhos ajudaram	– O castelo da lesma
	– Os ataques de asma da irmã
– O castelo da lesma – incertos dos significados	– Suas preocupações
	– A lesma sobrecarregada sendo subjugada pelas outras lesmas
– Colocar açúcar no chá depois de um ataque de asma	
– A moeda estrangeira	– A conexão entre o livro que a irmã lhe deu, a história de seus problemas de lesma
– Por que ninguém tentou roubá-lo quando estava sentado na calçada	
	– O chapéu do pai
– O jeito como Evie tirou sarro de Tim quando ele estava sentado na calçada	

Figura 3

GOSTOU	NÃO GOSTOU	ENIGMAS	PADRÕES
– O jeito que a lesma veio no fim da página	– Tim falando do pai toda hora	– A forma como terminou	– Lesmas
– Conseguir um trabalho como desenhista de linha reta	– A irmã com medo de morrer de asma	– Meio sem sentido, mas os desenhos ajudaram	– O castelo da lesma
– Tim falando de suas preocupações	– Tim sentado na calçada olhando pro chão toda hora	– O castelo da lesma – incertos dos significados	– Os ataques de asma da irmã
– Sua mãe o chamando de querido toda hora	– O sinal e o chapéu de Tim esperando que pessoas colocassem dinheiro nele – estava mendigando	– Colocar açúcar no chá depois de um ataque de asma	– Suas preocupações
– O início repentino	– Difícil de se interessar no início	– A moeda estrangeira	– A lesma sobrecarregada sendo subjugada pelas outras lesmas
– O livro todo, porque era diferente	– O final	– Por que ninguém tentou roubá-lo quando estava sentado na calçada	– A conexão entre o livro que a irmã lhe deu, a história de seus problemas de lesma
– A irmã fingindo ser entrevistadora de TV		– O jeito como Evie tirou sarro de Tim quando ele estava sentado na calçada	– O chapéu do pai
– O jeito que Tim ajudou sua irmã quando ela teve um ataque de asma			
– Ter seu próprio jeito de fazer as coisas			
– Preocupar-se com sua mulher e filhos no futuro			

Vejamos um exemplo. O livro em foco era *The Dearest Boy in All the World*, de Ted van Lieshout; os leitores estavam no quarto ano (8 anos) com sua professora, Hazel Biggs, em uma escola de Perth, na Austrália Ocidental, em algum período de janeiro de 1990. Há três versões. A figura 1 (p. 88) mostra as respostas para as quatros perguntas básicas salvas numa lista parecida com uma lista de compras. A figura 2 (p. 90) mostra as listas apresentadas como diagramas, com giz ou quadro branco: mais fácil de ver e de fazer comparações entre as várias manchetes.

2. Destacando. A figura 3 (p. 92) mostra como a temática é decidida. Quando as listas estiverem compiladas, é pedido aos leitores que identifiquem quaisquer tópicos incluídos em mais de uma coluna e/ou mencionados mais de uma vez. A eles juntam-se as linhas desenhadas de um tópico para outro. Se houver alguma dúvida sobre se uma inscrição refere-se ou não ao tópico da ligação, é solicitado que a pessoa que a inseriu decida.

Quando todas as combinações forem unidas, olhamos para ver qual tópico tem mais linhas direcionadas a ele, e esse é escolhido como o primeiro da discussão. Se você olhar para a Figura 3, verá que os assuntos gêmeos "Lesma" e "O castelo da lesma" são os que aparecem com mais frequência, seguidos do tema sobre Tim implorando e usando o chapéu de seu pai para o dinheiro que viria a seguir.

De fato, a verdade é que qualquer um dos títulos poderia ser tomado como um ponto de partida, porque tudo mencionado foi provocado pelo texto; qualquer deles, portanto, faria a conversa fluir e poderia levar a algum lugar útil. No entanto, ao destacar da forma como sugerimos, asseguramos e demonstramos que a preocupação de nenhum membro do grupo é privilegiada em relação aos outros. Do processo de agrupar nossos interesses, emergiu um tópico que interessa a um número de pessoas no grupo. A decisão foi negociada sem que ninguém (e especialmente a professora) conseguisse exercer controle dominante sobre outros. O resultado é que todos se sentem com melhor disposição de aceitar isso como ponto de partida: parece mais justo, mais agradável. O que ajuda a criar uma mentalidade, uma atitude no grupo de genuína cooperação, de condução.

Depois de destacar, a professora pede a cada leitor que sugeriu um tópico para dizer um pouco mais – o que ele quiser – sobre seu título. Inicie pelo que ele gosta ou não gosta, vá para os enigmas e deixe aqueles que viram padrões por último – pois é a descoberta de padrões e seus fundamentos que leva a um entendimento interpretativo de um texto ou de um aspecto particular dele. Ao avançar em direção de uma discussão de padrões reconhecidos, de conexões entre as características de um texto, mapeamos o processo de interpretação em si, e o mostramos em ação. Em outras palavras, proceder dessa forma é um ato de ensino em si. Estamos ensinando crianças a encontrar sentido e, ao mesmo tempo, mostrando como isso é feito.

Inevitavelmente, enquanto as conversas se desenvolvem, novos conhecimentos serão adicionados, comentários feitos que tenham a intenção de ajudar, mas que acabam se provando pistas falsas ou becos sem saída. Episódios – do mundo ao texto – serão contados, memórias de outros livros trazidas para a conversa. A fala vai convoluir, elaborar-se, vacilar por um momento (ninguém saberá o que dizer na sequência: seja paciente, espere, acontecerá), voltar-se contra ela mesma, de repente, pular de um tópico para outro. Lembre-se de Iser (páginas 54-55)

> O ato de criação não é um processo gentil e contínuo...
>
> Olhamos à frente, para trás, decidimos, mudamos de decisão, formamos expectativas, nos surpreendemos quando elas não são atingidas, questionamos, nos maravilhamos, aceitamos, rejeitamos...

Isso é o que acontece quando estamos falando de um livro. O tempo todo, a professora fará quatro coisas:

1. Continuar trazendo os leitores de volta ao texto por meio de estratégias, como perguntar "Como você sabe?" ou "Quais/onde estão suas evidências para isso?".

2. Estar pronto para perguntar questões "gerais" que possam ajudar a desenvolver a conversa (veja no próximo capítulo), e também:

3. Estar pronta para fazer uma pergunta particular ao livro em mãos. Por hábito, os estudantes aos quais ensinei o enfoque "Diga-me" chamam essas questões específicas para cada livro de "questões especiais" (opondo-se às questões básicas e gerais que iniciaram e desenvolveram as conversas). Elas

têm a intenção de ajudar leitores a encontrar um modo de entrar no texto que ainda não conseguiram localizar por si mesmos. Elas são neutras no sentido de que não traem a leitura do livro feita pela professora, mas ajudam a destacar algo do livro que os leitores ainda não consideraram e que, no julgamento da professora, as crianças achariam úteis.

É, ao fazer uma pergunta especial, que a professora se desloca do papel de uma facilitadora – para ser uma professora participante na decisão do que será conversado. Esse importante aspecto central da conversa literária "Diga-me" é tratado no próximo capítulo.

4. Em algumas ocasiões, quando julgar apropriado, resuma o dito para que todos tenham uma chance de lembrar, de encontrar coerência na conversa e, eventualmente, alcançar entendimentos interpretativos: proposições, concordâncias, discordâncias a ver com o sentido. Em outras palavras, a professora ajuda a conversa a ser, nas palavras de Wayne Booth, "um tipo de conversa que possa chegar a algum lugar – não apenas compartilhar opiniões subjetivas, mas um modo de aprender uns com os outros".

Este é somente um método de destacar, especialmente útil para começar, quando pupilos e professora não possuem familiaridade. Após um tempo, conforme a segurança e a confiança crescerem, outros modos de cooperação do leitor responsivo determinarão o tema sugerido por eles mesmos, como nos exemplos incluídos no capítulo "Cenas do 'Diga-me' em ação" demonstram.

Capítulo XIII

A estrutura das perguntas "Diga-me"

As perguntas básicas

À medida que as crianças se acostumam com o enfoque "Diga-me", elas tendem a não se preocupar com as perguntas sobre aquilo de que gostam e de que não gostam, e passam, imediatamente, para os enigmas e padrões. Elas aprenderam que falar sobre o que as intrigou e encontrar padrões no texto lhes dá mais satisfação. As respostas às duas primeiras perguntas não são abandonadas de todo, porém são tecidas na conversa sobre dúvidas e conexões. Ou seja, contam do que gostaram ou não gostaram, quando isso contribuirá diretamente para o seu entendimento.

As perguntas gerais

Essas perguntas, que podem ser feitas a qualquer texto, ampliam o escopo da linguagem e das referências, fornecem comparações e ajudam a trazer para a conversa ideias, informações, opiniões que auxiliam no entendimento. Algumas das perguntas gerais são sempre aplicáveis, como "Você leu alguma outra história [livros, poemas, qualquer que seja] assim?". Nossa facilidade com novos textos depende muito de nossas leituras anteriores. Comparar um novo texto com outros que pareçam ter semelhanças ou características contrastantes ajuda-nos a organizar ideias sobre o novo. Algumas variações nas questões básicas de abertura encorajam maneiras diferentes de abordar um texto. Assim: "Quando você viu o livro pela primeira vez, antes mesmo de lê-lo, que tipo de livro você achou que seria? ... Agora que você leu, é o que você esperava?"

Também há perguntas que ajudam a encerrar a conversa e tirar conclusões: "O que você dirá aos seus amigos sobre esse livro?", "Escutamos uns aos outros e ouvimos todo tipo de coisa sobre esse livro. Ficaram surpresos com algo que alguma outra pessoa disse?".

"Quantas diferentes histórias [ou como alternativa: tipos de história] você pode encontrar nessa história?" é uma pergunta que ajuda na descoberta de que todo texto bem elaborado é multifacetado, que pode significar mais de uma coisa, que oferece diferentes tipos de sentido. Se perguntar, por exemplo, sobre o romance de Philippa Pearce, *The Way to Sattin Shore*, você, provavelmente, ouvirá que há:

- Uma história de mistério-detetive sobre o pai de Kate.
- Uma história de família que tem a ver com os relacionamentos entre Kate e sua mãe, avó e irmãos.
- Uma história sobre infância e como é ser a Kate, que tem amigos, um gato carinhoso, joga, cozinha, aproveita um dia na neve, anda de bicicleta e assim por diante.
- Uma história de aventura centrada no passeio para Sattin Shore.
- E uma história sobre linguagem e como pode ser interessante em si mesma: as primeiras páginas brincam com imagens de luz e escuridão; o começo leva o mesmo tempo de leitura em voz alta que a ação descrita levaria para acontecer; é cheio de imagens bíblicas (o título inclui as palavras "o caminho", que ecoa de "Eu sou o caminho, a verdade e a vida"; o título do primeiro capítulo, "O feixe da escuridão", faz um jogo de palavras com "Tira primeiro a trava do teu olho, e então poderás ver com clareza para tirar o cisco do olho de teu irmão").

O leitor que inseriu esse último ponto nos ajudou a encontrar outra história no livro, uma baseada na redenção cristã; e foi só quando isso nos ocorreu que alguns, insatisfeitos com o final, porque o acharam muito literal e estritamente realista, viram como isso poderia ser lido satisfatoriamente como uma metáfora, um jogo de linguagem.

Lembro-me das palavras de Roland Barthes: "Ler [escutar a] uma narrativa não é meramente mover-se de uma palavra para a próxima, também é mover-se de um nível para outro." De um nível de uso da linguagem para o próximo, de um nível de construção de história para o próximo, de um nível de sentido para outro. Assim é como leitores habilidosos leem; é como nós devemos ajudar crianças a lerem. Minha experiência é que elas são totalmente capazes de fazê-lo em todas as idades escolares, só é preciso que a professora entenda como facilitar a tarefa ao proporcionar livros valiosos, tempo para lê-los, tempo para falarem deles juntos, e souber quais perguntas fazer.

Mas não é apenas uma questão de a professora ter perguntas prontas em sua cabeça. Ela deve também estar sintonizada com a conversa, usando perguntas – "gerais ou especiais" – quando sentir que elas vão servir para tirar algo que está na iminência de ser dito, ou para ajudar a criança a articular algo que foi percebido vagamente. O ponto é que as perguntas não deveriam ser usadas indiscriminadamente quando há um silêncio na conversa ou quando a professora se sentir compelida a abranger mais terrenos.

"Uma das coisas que faz esse tipo de conversa literária infinitamente atrativa," escreveu Lissa Paul, "é para mim o modo como cada grupo desenvolve seu próprio conjunto de temas". É bom que as professoras se lembrem disso; também diminui sua ansiedade saber que as mesmas coisas sempre voltam a aparecer.

As perguntas especiais

Todo livro possui suas próprias peculiaridades: a linguagem, a forma, o conteúdo, e é a combinação de tudo isso que dá a ele sua identidade particular. Em um ser humano, chamaríamos isso de personalidade.

O que esperamos é que os leitores descubram essas particularidades por si próprios enquanto discutem o texto. Na verdade, isso acontece com mais frequência do que uma professora inexperiente possa supor. De fato, crianças leitoras, muitas vezes, percebem características significativas que os adultos não conseguiram perceber. Nessas ocasiões, elas ensinam a professora.

Mas, algumas vezes, esse grupo precisa de ajuda. Então, a professora deve fazer uma pergunta "especial", uma que ajude a mover a conversa em direção à descoberta de características que ainda não tinham sido notadas.

Alguns exemplos:

1. "Quanto tempo você acha que levou para a história acontecer?". Volte ao exemplo na página 67, quando a professora faz essa pergunta em relação ao livro *Onde vivem os monstros*, de Maurice Sendak. Geralmente, perguntas especiais são úteis, porque muitas histórias para crianças fazem uso significativo e temático do tempo. Descobrir como ele afeta os eventos e os personagens na história revela muito acerca do sentido subjetivo do texto. Pergunte a mesma coisa sobre o livro de ilustrações *Granpa*, de John Burningham, sobre o poema "My Mother Saw a Dancing Bear", de Charles Causley, os romances *The Crane* de Reiner Zimnik, *Playing Beattie Bow*, de Ruth Park, *Slake"s Limbo*, de Felice Holman, *I am the Cheese*, de Robert Cormier, e, em cada um desses casos, diferentes tipos de "pistas" textuais serão encontrados rapidamente.

2. "Sobre quem é essa história?" Questionados, por exemplo, sobre *The Battle of Bubble and Squeak*, de Philippa Pearce, crianças de 9 a 11 anos descobrem que a história é quase exatamente compartilhada meio a meio entre Sid, que quer ficar com os gerbos, e sua mãe, Alice Sparrow, que não quer. Isso os leva a considerar de forma diferente as relações sociais ocultas no seio da narrativa.

3. "Qual personagem mais te interessou?" é uma questão relacionada. Ela destaca visões diferentes, entre os leitores, sobre as pessoas e como estas se comportam. Tenho em mente uma discussão em que um grupo de alunos estava me contando sobre os personagens de *The Battle of Bubble*

and Squeak. Depois de um tempo, um estudante, que ainda não tinha falado, disse: "Ninguém mencionou Bill, o padrasto. Ele é o personagem que mais me interessa." O aluno passou a nos contar que tinha um padrasto e explicou, do modo como entendeu a partir da sua experiência pessoal (do-mundo-para-o-texto), o papel do padrasto na história, como a história teria sido diferente se o padrasto fosse o pai de nascença das crianças, quão delicado é o caminho que um padrasto precisa enfrentar entre apoiar a mãe e, ao mesmo tempo, ajudar as crianças. O que ele contou mudou nossas visões do livro, tornou-nos mais atentos a ideias e realidades sobre as quais não pensamos; para o modo como lidam com os supostos direitos de crianças e de adultos, a maneira com que nos permite ver o interior da mente de Alice Sparrow, enquanto livros infantis geralmente mantêm a vida privada dos adultos oculta para os leitores. Depois disso, a história pareceu muito mais profunda, completa, rica e valiosa.

4. "Onde a história aconteceu?" destaca a importância do lugar em uma história. As peculiaridades do ambiente de *Slake's Limbo* têm tanto importância simbólica como para o enredo; a história não seria a mesma se fosse ambientada, digamos, em um campo aberto. Em contraste, muitas das histórias de Betsy Byars não dependem tanto do lugar; a maioria delas pode, da mesma forma, acontecer em qualquer ambiente suburbano. Meu próprio livro para crianças, *The Present Takers*, passa-se em uma determinada cidade e escola, mas não tem nenhum significado especial; acontece que prefiro usar configurações da vida real para minhas histórias. No entanto, a história de companheiros em *Seal Secret* está vinculada a seu cenário e aos lugares-chave – uma casa de campo em uma fazenda galesa, uma caverna à beira-mar e uma ilha desabitada perto da costa – que adicionam simbolismo ao enredo simples. Portanto, fazer esta pergunta sobre *The Present Takers* não acrescentaria muito à conversa, ao passo que perguntar sobre *Seal Secret* seria produtivo.

Este é o dilema das perguntas especiais para a professora. As perguntas básicas e gerais podem ser usadas com qualquer texto. É fácil julgar, à medida que a conversa se desenvolve, o que vale a pena perguntar em cada ocasião. Mas nem todas as perguntas especiais se aplicam a todos os textos. Tentar responder a perguntas inadequadas pode até mesmo desanimar os leitores. A professora precisa se preparar de antemão, pensando quais perguntas especiais são relevantes. Com experiência, a professora desenvolve muito rapidamente uma compreensão de quais perguntas fazer e quando fazê-las. É uma habilidade que vem com a prática.

A estrutura

AVISO: O enfoque "Diga-me" não é um programa mecânico de livro didático. Não se pretende que os leitores de qualquer idade recebam listas de perguntas e sejam obrigados a respondê-las uma após a outra, oral ou por escrito. A lista, a seguir, destina-se exclusivamente à conveniência do próprio professor e nem deve ser mostrada aos alunos. É fornecida apenas como um auxílio à memória. Não se destina a ser seguida à risca. As perguntas devem ser reformuladas de acordo com os leitores envolvidos. A pergunta "principal", impressa em itálico, é seguida por perguntas subordinadas ou subsequentes. Em todo o texto, a palavra "livro" é usada no lugar de história, poema ou qualquer outro nome mais específico que se aplique ao texto em questão.

"Diga-me" ... As perguntas básicas

Você gostou de alguma coisa neste livro?

O que mais chamou sua atenção?

Você gostaria que tivesse algo mais?

Houve alguma coisa de que você não gostou?

Houve partes que te entediaram?

Você pulou algumas partes? Quais?

Se você desistiu, onde você parou e o que o impediu?

Houve algo que o intrigou ou que você achou estranho?

Houve algo que você nunca encontrou em um livro antes?

Houve alguma coisa que te pegou completamente de surpresa?

Você notou alguma inconsistência aparente?

Houve algum padrão – alguma conexão – que você notou?

Perguntas gerais

Quando você viu o livro pela primeira vez, antes mesmo de lê-lo, que tipo de livro você achou que seria?

O que fez você pensar isso?

Agora que você leu, é como você esperava?

Você leu outros livros semelhantes?

Em que este é igual?

Em que é diferente?

Você já leu este livro antes? [Se sim:] Foi diferente desta vez?

Você notou algo desta vez que não notou da primeira vez?

Você gostou mais ou menos?

Por causa do que aconteceu com você ao lê-lo novamente, você recomendaria que outras pessoas o lessem mais de uma vez ou não vale a pena?

Enquanto você lia, ou agora quando você pensa sobre o que leu, houve palavras ou frases ou outras coisas a ver com a linguagem de que você gostou? Ou não gostou?

Você sabe que quando as pessoas falam, muitas vezes usam algumas palavras ou frases ou falam de uma forma que você reconhece como sendo delas: algumas palavras ou frases são usadas dessa forma neste livro?

Você notou algo especial sobre a maneira como a linguagem é usada neste livro?

Se o escritor perguntasse o que poderia ser melhorado no livro, o que você diria?

(Alternativamente) Se você tivesse escrito este livro, como o teria tornado melhor?

Alguma coisa que acontece neste livro já aconteceu com você?

Em que é similar ou diferente ao que aconteceu com você?

Quais partes do livro lhe parecem mais realistas?

O livro o fez pensar de forma diferente sobre essa experiência semelhante que você teve?

Quando você estava lendo, você "viu" a história acontecendo em sua imaginação?

Quais detalhes – quais passagens – ajudaram você a "ver melhor"? Quais passagens permanecem em sua mente com mais nitidez?

Quantas histórias diferentes [tipos de história] você pode encontrar nesta história?

Você leu este livro rápido ou devagar? Numa única sessão ou em várias?

Você gostaria de lê-lo de novo?

O que você vai dizer aos seus amigos sobre esse livro?

O que você não vai dizer porque pode estragar o livro para eles? Ou confundi-los sobre como o livro é?

Você conhece pessoas que você acha que gostariam deste livro em especial?

O que você sugeriria que eu dissesse a outras pessoas que as ajudará a decidir se querem ou não ler este livro?

Quais seriam as pessoas que deveriam ler este livro?

Mais velhos que você? Mais novos?

Como eu deveria apresentá-lo para elas? Por exemplo, eu deveria lê-lo em voz alta ou deixar que leiam por si próprios?

É uma boa ideia falar sobre o livro depois de o termos lido?

Listamos nossos pensamentos e ouvimos todo tipo de coisa que cada um de nós percebeu. Você se surpreendeu com algo que alguma outra pessoa disse?

Alguém disse algo que fez você mudar de ideia de alguma forma acerca deste livro? Ou que o ajudou a entendê-lo melhor?

Diga-me sobre as coisas que as pessoas disseram que mais chamaram a sua atenção.

Quando você pensa sobre o livro agora, depois de tudo o que dissemos, o que é mais importante para você?

Alguém sabe alguma coisa sobre o escritor? Ou sobre como a história foi escrita? Ou onde? Ou quando? Você gostaria de descobrir?

As perguntas especiais

Quanto tempo levou para a história acontecer?

Descobrimos a história na ordem em que os eventos realmente aconteceram?

Quando você fala sobre coisas que acontecem com você, sempre conta sua história na ordem em que aconteceram?

Ou, às vezes, há motivos pelos quais você não o faz?

Quais são as razões?

Existem partes da história que demoraram muito para acontecer, mas foram contadas depressa ou em poucas palavras? E há partes que aconteceram rápido, mas levaram muito espaço para contar?

Houve partes que demoraram tanto para serem contadas quanto levaram para acontecer?

Onde a história aconteceu?

Importava onde ela aconteceu? Poderia muito bem ter sido em qualquer lugar? Ou o local poderia ter sido mais bem definido?

Você pensou no lugar enquanto estava lendo? Existem passagens no livro que são especialmente sobre o lugar onde a história se passa? O que você gostou ou não gostou desses lugares?

O cenário em si era interessante? Você gostaria de saber mais sobre ele?

Qual personagem te interessou mais?

Esse personagem é o mais importante da história? Ou é, na verdade, sobre outra pessoa?

De qual(is) personagem(ns) você não gostou?

Algum dos personagens o lembrou de pessoas que você conhece ou de personagens de outros livros?

Houve alguém não mencionado na história, mas sem o qual ela não poderia ter acontecido?

Você consegue pensar em algum motivo pelo qual ele/ela não aparece ou não é mencionado?

A história teria sido diferente se ele/ela tivesse aparecido ou sido mencionado?

Quem estava contando ou narrando a história? Nós sabemos? E como sabemos?

A história é contada em primeira pessoa (e, em caso afirmativo, quem é essa pessoa)? Ou em terceira pessoa? Por alguém que conhecemos na história ou por alguém que não conhecemos, que está fora da história?

O que a pessoa que conta a história – o narrador – pensa ou sente sobre os personagens? Ele/ela gosta ou não gosta deles?

Como você sabe?

O narrador aprova ou desaprova as coisas que aconteceram e que os personagens fizeram? Você as aprova ou desaprova?

Pense em si mesmo como um espectador. Com os olhos de quem você viu a história? Viu somente o que viu um personagem na história ou viu coisas, às vezes, como um personagem e, outras vezes, como outro, e assim por diante?

Você estava dentro da cabeça de um dos personagens sabendo apenas o que ele/ela sabia ou a história o levou para dentro de vários personagens?

Soubemos, em algum momento, sobre o que os personagens estavam pensando? Foi-nos contado o que estavam sentindo? Ou a história foi contada o tempo todo de fora dos personagens, assistindo ao que eles faziam e ouvindo o que eles diziam, mas nunca sabendo o que eles estavam pensando ou sentindo?

Quando você estava lendo a história, você sentiu que ela estava acontecendo agora? Ou você sentiu que isso estava acontecendo no passado e sendo lembrado? Você pode ressaltar algo na escrita que o fez sentir assim? Você sentiu como se tudo estivesse acontecendo consigo, como se você fosse um dos personagens? Ou você se sentiu como se fosse um observador, vendo o que estava acontecendo, mas não fazendo parte da ação? Se você fosse um observador, de onde você estaria olhando? Parecia que olhava de diferentes lugares – às vezes, talvez, ao lado dos personagens, às vezes, de cima deles, como se estivesse em um helicóptero? Você pode me dizer lugares no livro em que se sentiu assim?

Esta é uma longa lista, portanto, deixe-me repetir: **não se pretende que todas as perguntas devam ser feitas sempre**. Tampouco que as perguntas selecionadas devam ser obstinadamente examinadas na ordem apresentada aqui.

Nossa experiência de usar o enfoque "Diga-me" é que, depois de um tempo, a estrutura grava-se no fundo da mente; então, não a usamos de forma consciente. Começamos a ouvir com mais atenção as perguntas que as crianças fazem a si mesmas – e a usá-las como trampolins.

"Isso torna a discussão do livro todo muito mais aberta", observou Jan Maxwell, "e dá muito mais espaço para o desenvolvimento e a expressão das próprias ideias e sentimentos das crianças."

Anna Collins escreveu: "Isso dá uma sensação maior de confiança. Mas não usei (a estrutura) literalmente. Em vez disso, ela molda frequentemente meu pensamento e me indica o que estou ouvindo."

Steve Bicknell acrescentou: "Cada vez que falávamos sobre um livro, descobria que precisava me referir à estrutura cada vez com menos frequência. Eu não precisava de notas ao meu lado. Também me dei conta de que certas perguntas não precisavam ser feitas – as próprias crianças iniciavam a discussão, geralmente, falando sobre aquilo de que gostaram, aquilo de que não gostaram e o tédio".

Capítulo XIV

Cenas do "Diga-me" em ação

Eu pretendia reproduzir aqui uma transcrição completa de uma sessão de "Diga-me", mas, ao observar pessoalmente o trabalho de algumas professoras e ouvir fitas de áudio feitas por outras, percebi que assim que elas se acostumavam com o enfoque, adotavam-no, adaptando-o para se adequar ao seu próprio estilo e às crianças com quem trabalhavam. Algumas sessões começam com variações das questões básicas. Com bastante exatidão, as professoras permitem que a fala siga os caminhos sugeridos pelos comentários e respostas das crianças; elas encontram questões especiais mais precisamente adequadas para o livro em debate do que qualquer uma das apresentadas na estrutura, e assim por diante. Resumindo, em mãos experientes, não existe uma sessão padrão de "Diga-me". Portanto, em vez de uma sessão em grande escala, aqui estão cenas que fornecem vislumbres de professoras e alunos desfrutando de conversas literárias condutivas de "Diga-me".

Talvez, agora, você queira reler os exemplos de transcrição de sessões em ação incluídos no Capítulo V, "Crianças sendo críticas", páginas 44-46, onde vemos uma professora aprendiz trabalhando, e no Capítulo IX, "Como você sabe?" idem, páginas 64-66, onde Mary Sutcliffe ajuda suas crianças a falar sobre *The Stone Book* e analisá-los à luz do que você leu sobre o enfoque.

Todos iniciantes

Eileen Langley dava aulas em uma classe de Educação Infantil de crianças de 5 anos a 5 anos e 8 meses, quando tentou pela primeira vez uma sessão de "Diga-me". A maioria das crianças estava com ela havia quatro meses, cerca de um terço delas, havia um mês. Elas estavam acostumadas a ser reunidas no canto da leitura no início do dia com Eileen cantando músicas de ninar e lendo histórias. Mas, até agora, nunca se esperou que elas falassem sobre sua leitura a não ser informalmente. Esta é a gravação da primeira experiência "Diga-me" de Eileen.

Numa segunda-feira de manhã, mostrei à minha classe *Onde vivem os monstros*, de Maurice Sendak. Eles estavam alegres, sentados na sala, esperando uma sessão de canções de ninar. Quando mostrei o livro, várias crianças se ajoelharam ansiosas para olhar mais de perto. Vários comentários espontâneos seguiram: "Um livro de monstro", "Olha como o monstro é grande", "Ele é grande demais para ir naquele barco". Um garotinho agarrou meu tornozelo e disse: "Esse monstro tem pés iguais aos nossos". Outro indagou por que havia uma escada no barco. Achei interessante que, tirando Ryan, que segurava firme meu tornozelo, a atenção deles estava se voltando para o barco. "É uma história sobre um barco?"

Abri o livro para que eles pudessem ver a capa completa [frente e verso], e Emma decidiu que era noite no livro e o monstro estava dormindo. Quando mostrei a eles a página interna do título, Philip apontou que havia uma mamãe monstro e um papai monstro. Essas crianças, que, há pouco, começaram a escola, traziam suas próprias experiências para o livro [do-mundo-para-o--texto], e a imagem que elas viam como um monstro mamãe e um papai era algo que as fazia se sentir seguras, independentemente do fato de ser uma família de monstros. Outra criança me informou que o monstro mamãe era o que não tinha chifres. O fato de as crianças não terem medo confirma a percepção de Sendak sobre as mentes delas.

Elas ficaram muito animadas, mas ficaram em silêncio quando comecei a ler, observaram as ilustrações com ávido interesse. Quando terminei a história, várias crianças pediram para ver as ilustrações outra vez e mostrei-lhes, desejando que tivéssemos vários exemplares do livro. As páginas onde havia festa eram as favoritas. Lisa falou que os monstros estavam em uma discoteca. James falou que seu irmão mais velho tinha ido a uma discoteca e que essas ilustrações pareciam muito barulhentas. Eu perguntei do que eles gostaram mais. "A festa" era repetida constantemente. Kate falou que gostou mais dessas palavras do que de qualquer outra coisa: "eles rugiam seus terríveis rugidos e exibiam seus dentes afiados e rolavam seus olhos terríveis e mostravam suas garras terríveis". Essas palavras apareceram muito na linguagem deles desde então. Quando um grupo, normalmente muito tranquilo, estava fazendo muito barulho no salão da Wendy, então me disseram que estavam apenas fazendo uma festa! Neil, que é uma criança bem quieta com um leve problema de dicção, voluntariou-se a opinar que gostava mais do Max no seu barco particular.

Michelle disse que ficou intrigada porque a floresta estava crescendo no quarto do Max. Tivemos que parar aqui, pois algumas crianças, obviamente, não entenderam o que Michelle quis dizer, ao afirmar que estava intrigada. Depois de uma pequena discussão, elas aparentaram ter apreendido o significado. Algumas crianças decidiram que o que as intrigara foi Max velejar num barco tão pequeno através do oceano. Outras não conseguiram entender por que ele não ficou e continuou sendo o rei dos monstros. Alan ficou intrigado pelos monstros por causa de seus cabelos estranhos. James interrompeu: "Eles podem não ser de verdade". Eu perguntei se ele achava que eram de verdade. "Não", ele respondeu com firmeza.

PROFESSORA: Você acha que o Max é verdadeiro?

JAMES: Sim, mas os monstros não são.

PROFESSORA: Como pode ser?

JAMES: Max inventou monstros.

Lisa interrompeu para dizer que os monstros deviam ser reais porque tinham pele nos pés.

Decidi seguir em frente e deixar essas ideias flutuarem por um tempo. Discutimos os padrões da história. Daniel, que tem uma personalidade bastante forte e que comentou, mais de uma vez, que gostaria de ser Max, disse: "A mãe de Max colocou Max na cama sem jantar e Max colocou os monstros na cama sem jantar". Philip, que era muito calado, surpreendeu a maioria das crianças ao dizer: "Não acho que Max foi realmente para onde vivem os monstros."

PROFESSORA: Para onde você acha que ele foi?

PHILIP: Acho que Max teve um sonho.

JAMES (imediatamente): É verdade, Philip. É o que eu acho.

Algumas das crianças ainda não estavam seguras, mas Philip com certeza convenceu a maioria. Seguiu-se uma discussão sobre sonhos, na qual permiti às crianças continuar a deliberar sobre a ideia e sobre seus próprios sonhos. Monstros amigáveis apareciam na maioria dos sonhos!

As crianças pediram essa história em várias ocasiões. Eu li outras histórias de Sendak para elas, mas essa continuava sendo a favorita. Pais vieram checar o título com o intuito de comprá-lo, já que seus filhos falaram tanto sobre ele em casa. Outros pais vieram me dizer que, quando estavam na biblioteca local, seus filhos escolheram esse livro e puderam lê-lo...

Quando leio uma história com minha classe, sempre lhes conto quem escreveu e ilustrou o livro. A palavra ilustrador fascina as crianças e elas adoram usá-la. Emma perguntou se Maurice Sendak havia escrito e ilustrado outros livros. Mostrei *In the Night Kitchen* e *Outside Over There*. Obviamente, ela espalhou a notícia já que, após o recreio, me pediram para ler *In the Night Kitchen*.

Eles ouviram e observaram com muita atenção. Seus rostos refletiam o imenso prazer que estavam obtendo com a história. Eles estavam muito ansiosos para me contar do que mais gostaram. Alan estava convencido de que Mickey no helicóptero era de quem ele mais gostava. Outra criança afirmou: "Eu também gosto do pequeno helicóptero que está pendurado sobre sua cama no início da história". Outras disseram que gostaram quando Mickey mergulhou até o fundo do leite. James interrompeu para falar que não gostava de Mickey quando ele estava sem roupas. James está muito relutante em trocar de roupa para a hora dos jogos, então, não fiquei surpresa quando ele disse isso. Lisa comentou que gostou muito das palavras: "*Thump, dump, blump, hump, bump*[9]. Eu gosto do som dessas palavras", ela disse e continuou repetindo-as.

Andrew comentou que Mickey estava na cama no começo e no fim da história.

PROFESSORA: Onde você acha que a história aconteceu?

ANDREW: No quarto de Mickey.

PROFESSORA: Esta história faz você lembrar de alguma outra história?

LISA: *Onde vivem os monstros*.

PROFESSORA: Por quê? [!]

LISA: Max está em seu quarto antes de sua viagem e, no final da história, ele está na cama.

PROFESSORA: Você acha que tudo isso realmente aconteceu com Mickey?

LISA: Não.

PROFESSORA: Como você sabe?

LISA: Porque, quando eu assistia à televisão, os patos falavam, e os patos não conseguem falar.

PROFESSORA: Então, o que você acha que Mickey estava fazendo?

LISA: Ele estava sonhando na cama.

TODOS JUNTOS: Sim, porque ele estava lá no início e no final da história...

Eu senti que agora as crianças eram capazes de ouvir uma história mais longa. Decidi ler *The Elephant and The Bad Baby*, de Elfrida Vipont, ilustrada por Raymond Briggs...

---

[9] Baque, jogar fora, torrão, corcunda, colisão. (Nota da Tradutora)

Quando terminei de ler, o primeiro comentário veio de Philip. "Eu pensei que o elefante seria muito grande para entrar em casa. Ele é muito grande ao lado das casas na capa do livro."

Emma interrompeu: "Estou muito intrigada com o elefante. Ele deveria estar no zoológico. Eu vi um elefante no zoológico."

Melanie sugeriu que talvez houvesse portas no pátio da casa do bebê mau. Viramos as páginas onde o elefante está sentado à mesa com todos os outros, tomando chá. As crianças ficaram fascinadas e muito animadas com essa página dupla. Ryan entendeu a expressão página dupla e pediu para ver todas as ilustrações em página dupla novamente. Com certeza, a favorita foi aquela em que o elefante se sentava no meio da estrada e o bebê malvado caía. O elefante era o personagem mais popular e o bebê mau não merecia nenhuma simpatia. Melanie não gostou quando todos foram tomar chá. Quando questionei isso, ela disse: "Eu só queria que a história continuasse *rumpeta, rumpeta*[10] ao longo da rua". As crianças muito pequenas foram levadas pela poderosa linha da história e suas ilustrações.

Vicky disse que havia um padrão porque o elefante foi *rumpeta, rumpeta, rumpeta* em todas as páginas até que ele se sentou. Lorraine disse que o elefante fazia uma pergunta ao bebê em todas as páginas e o bebê sempre respondia "sim", até que o elefante se sentou. Michelle comentou que havia um padrão assim em *Good-night Owl!*, de Pat Hutchins, que eu havia lido alguns dias antes. "Em quase todas as páginas, está escrito 'E a coruja tentou dormir'". Fiquei satisfeita que meus alunos de 5 anos começaram a mencionar outros livros no curso da discussão de um novo livro e que eles ofereceram comentários no final de cada história, em vez de eu ter que incitá-los para as respostas. Assim que terminamos um livro, eles compartilham voluntariamente aquilo de que gostam, aquilo de que não gostam, quais padrões eles notaram e o que os intriga. (A propósito, *The Elephant and The Bad Baby* desencadeou uma onda de boas maneiras na minha sala de aula. Nunca tantos "por favor" foram proferidos!)

---

10 Onomatopeia que se repete no livro *The Elephant and the Bad Baby* correspondendo ao barulho dos passos do elefante. É similar ao "pocotó, pocotó" usado em brincadeiras de cavalinho com crianças brasileiras.

Conectando com *The Crane*

No início de suas conversas literárias com "Diga-me", Jan Maxwell se ajustou com bastante fidelidade ao enfoque-padrão "Diga-me", e é por isso que incluí esses trechos da transcrição de uma sessão de uma hora de duração. Os segmentos incluem amostras do início da conversa, depois, passagens do momento em que vão adiante da fase do relato daquilo de que gostaram e não gostaram para uma fase de compartilhamento de dúvidas e, finalmente, uma seção do meio da sessão quando eles se esforçaram para encontrar padrões e conexões.

Havia 23 crianças de 9 anos no grupo. O livro sobre o qual conversaram foi *The Crane*, de Reiner Zimnik. Jan definiu a cena com uma nota preliminar à transcrição:

> Eu li a edição de capa dura, mostrando-a às crianças antes de começarmos e todos os gráficos [ilustrações, fac-símiles inteiros de telegramas, passagens escritas à mão etc.] antes de termos nossa discussão, o que não era nossa prática usual, senti que acharam isso bastante estranho; houve ocasiões em que, especificamente, tive que impedi-los de comentar e questionar. Eu esperava ler a história dentro de uma semana completa, uma passagem a cada dia, mas, infelizmente, fomos interrompidos e a leitura não terminou até a segunda semana.
> Tivemos nossa discussão um dia depois de terminar de ler e nos sentamos em cadeiras, formando um círculo ao lado do quadro-negro. Isso é algo que eu não faria de novo – tornou tudo muito formal e abriu um espaço um tanto proibitivo entre nós. Para minha própria referência, gravei a discussão em fita, mas gostaria, em retrospecto, de ter feito anotações também – confiei demais na gravação para servir de memória. Eu segui a estrutura usando as perguntas:
>
> 1. O que você notou primeiro sobre o livro?
> 2. De quais partes você gostou?
> 3. Quais partes o intrigaram?
> 4. Notaram algum padrão ou fizeram conexões?
>
> Essas perguntas se seguiram de forma espontânea, de modo que omiti as perguntas sobre as partes chatas e as partes de que as crianças não gostavam.

A segunda questão mostrou que certos incidentes concretos eram os mais populares, mas depois nos levou à questão do leão de prata e do sonho do operador da grua (não ligados entre si). Esses dois incidentes/personagens também despertaram o maior grau de perplexidade. O sonho do operador da grua, em particular, dominou a conversa por muito tempo e levou as crianças a considerarem a natureza das relações entre o operador e Lektro, e entre o operador e a águia. Algumas das crianças ficaram presas à ideia de que Lektro havia se transformado em águia, outras pensaram que o espírito de Lektro havia entrado na águia. O sonho foi, obviamente, um evento muito significativo e levou, naturalmente, a uma busca por conexões e padrões. Aqui as crianças ligaram o leão de prata a algo bom e os corvos, tubarões e o cavaleiro da morte a algo mau.

Conversamos por quase uma hora e poderíamos ter continuado, se a hora do almoço não tivesse interferido. Um total de 15 crianças entre 23 fizeram contribuições, todas elas inteligentes e relevantes. Se estivéssemos sentados em nosso grupo informal normal, acho que mais crianças teriam falado.

[Ao transcrever a fita de Jan, não notei hesitações e falsos começos; às vezes, a fita era indecifrável nos momentos em que o ruído externo aparece. Durante todo o tempo, no entanto, uma das coisas que me impressionou foi a clareza e a segurança do discurso das crianças, sem dúvida, um tributo ao ensino de Jan. Nenhuma criança era obrigada a falar; Jan escolhia o próximo orador entre os que indicavam que estavam prontos. (Omiti o nome do próximo orador para economizar espaço.)]

JAN: Eu quero... Veja se você consegue se lembrar e me diga o que você pensou quando viu o livro pela primeira vez.

CLARE: Parecia muito bom, mas parece uma espécie de livro para meninos, e as imagens na capa... parecia interessante, e quando avançamos um pouco, comecei a pensar: "Ah, esta é uma história para crianças".

TIMOTHY: Bem, eu pensei que era tudo sobre uma grua e como eles a construíram e o que eles usaram para construí-la e coisas assim, então, pensei que seria muito chato.

DANIEL: No início, parecia que iam levar um tempão para construir a grua e depois haveria aventuras... [*Indecifrável*]

NICHOLAS: Achei que ia ser só sobre a construção da grua [Tracey fala: indecifrável].

RICHARD: Bem, quando o vi pela primeira vez, pensei que seria tudo sobre a construção da grua e sobre o carregamento da grua. A grua carregando coisas em navios e como o lugar real se transformou em um lugar famoso.

HELENA: Achei que seria muito chato. [*Em geral, essas expectativas eram compartilhadas por todos.*]

JAN: Fale-me de quais pedaços você gostou.

TIMOTHY: Foi quando ele estava levantando os vereadores do outro lado do rio e ele os estava sacudindo. E todos comeram *bacon* com ovo no almoço.

EMMA: Gostei quando terminaram a inundação e os animais começaram a vir de novo.

JAN: Mesmo? Sim. Clare.

CLARE: Vou te contar como eu pensei que era no começo. Foi muito bom, então... Acho que a parte em que comecei a me interessar de verdade foi onde o operador da grua colocou as talas feitas de espinha de peixe na asa quebrada da águia. Então, quando descobriram o homem na plantação de batatas e quando ele apareceu com um saco de batatas. Achei que era a melhor parte.

PETER: Acho que foi muito bom quando o elefante teve uma insolação. Ele estava correndo... [*risos*]: ... e a grua o levantou e o mergulhou dentro e fora da água para acalmá-lo.

JAN: Sim. Quantas partes diferentes existem...

Assim a conversa continua, aumentando o ritmo e o entusiasmo enquanto outros oradores mencionam a águia, Lektro, Lektro e o leão de prata, e os peixinhos nadando pelos buracos do tubarão. Ao falar de suas expectativas e das coisas de que gostavam, as crianças já haviam dado pistas para refletir sobre as principais características do livro: seu caráter cômico, surreal; e as relações formais entre elementos como sonho e realidade, os personagens na história e a presença simbolicamente dramática como o leão de prata. No entanto, Jan não pega isso imediatamente. Ele os deixa passar até que as crianças os redescubram mais tarde. A redescoberta começa quando Timothy percebe a menção de Nathan aos peixinhos nadando através do tubarão.

TYMOTHY: Eu gosto tanto quanto Nathan porque parece um pouco estranho, e acho que essa é a parte que me faz gostar da história.

Em outras palavras, é a "estranheza", a diferença, o desconhecido que Timothy e Nathan consideram ser o mais agradável – a mesma qualidade de que muitos professores dizem que as crianças não gostam e evitam.

Imediatamente, a ideia de estranheza é assumida. Jan permite que esse relato continue por cinco ou seis minutos antes de perguntar se houve coisas de que eles não gostaram. Clare diz que não gostou do salário do operador da grua, pois não era justo! Timothy não gostou quando Lektro continuou aparecendo e desaparecendo enquanto falava com o operador da grua (outro dos elementos dos sonhos). Isso leva a uma discussão que Jan enfim resume.

JAN: Timothy disse que era injusto quando Lektro continuou aparecendo e depois indo embora novamente. Clare disse que acha que foi um sonho, e Tracey que achava que mencionaram algo sobre um sonho. Timothy falou que não poderia ter sido um sonho porque ele não dormiu. O que o resto de vocês pensa?

Segue-se um período de hesitação. É como se ninguém soubesse o que dizer a seguir. Um professor ansioso ou inexperiente pode mudar de rumo neste ponto, voltando a assuntos mais seguros. Mas Jan espera, dando a todos tempo para pensar, enquanto alguns comentários são feitos sem nenhuma importância aparente. Sua paciência é recompensada por um menino não identificado que, de repente, interrompe o lento avanço da discussão:

MENINO: Acabei de perceber que, desde que Lektro morreu, ele poderia ter sido um espírito.

JAN: Hum... sim. Você esqueceu que ele morreu?

MENINO: Sim.

Essa lembrança faz com que Clare, em uma passagem muito danificada por ruídos estranhos para poder transcrevê-la com exatidão, sugira que a águia e o leão de prata também poderiam ser espíritos. Ela propõe que, como a águia aparece quando Lektro está aparecendo e desaparecendo, a águia pode ser o espírito de Lektro.

Eles falam sobre isso, eventualmente, retornando ao texto a fim de estabelecer a ordem precisa e a relação dos eventos. Jan lê a passagem principal. Eles discutem o assunto, tentando encontrar uma solução para o problema da verdadeira identidade da águia. Isso se torna tão difícil, que eles começam a falar novamente sobre partes de que não gostaram: em outras palavras, eles se concentram na dificuldade e fazem isso referindo-se constantemente ao que de fato disse o texto. Todos os tipos de sugestões são feitas. Jan leva em consideração todas elas.

Um clima tenso se acumula e, inevitavelmente, leva ao desejo de alguma conexão significativa entre esses elementos até então desconexos. Jan espera que esse momento chegue, o que ocorre desta maneira:

RICHARD: Não gostei da parte em que os corvos estavam rindo. Os corvos sempre foram cruéis e sempre tiveram ciúmes do operador da grua.

JAN: Eles tinham, não tinham? Sim. Roger.

ROGER: Isso pode parecer bobo, mas, quando eles estavam rindo do operador da grua, eles podem ter se transformado em tubarões para tentar derrubar a grua.

JAN: Isso me lembrou de outra pergunta que eu ia fazer a vocês, e acho que tudo isso se encaixa de alguma forma. Eu ia fazer esta pergunta... Lembram-se de quando estávamos fazendo nosso trabalho sobre padrões e li para vocês histórias de fadas, e estávamos procurando padrões nos modos? Agora eu ia perguntar se vocês podem ver padrões... ou conexões... neste livro? Vocês conseguem pensar em coisas que formam uma espécie de padrão? Agora, pelo que Roger disse, acabei de começar a ver o início de um padrão. Não tenho certeza, porque estou tentando resolver isso da mesma forma que vocês. E acho que posso começar a ver um padrão que diz ... [escrevendo no quadro] ... CORVOS ... [indecifrável.]

CRIANÇAS: Tubarões!

JAN: [escrevendo] TUBARÕES. Corvos e tubarões...

Jan os conduziu um pouco até aqui. Talvez ela tenha sentido que era necessário ajudá-los. De qualquer forma, eles rapidamente pegam a ideia, lidam por um tempo com o passo em falso primeiro tomado pela associação de Clara da águia com o espírito de Lektro, mas, pouco a pouco, constroem um padrão que agrupa Lektro e a águia com o bem e os corvos e os tubarões com o mal. Isso é organizado e resolvido da seguinte maneira:

JAN: O leão de prata faz uma espécie de padrão?

CRIANÇAS: Um pouco!

JAN: Um pouco! Sim. Como?

CLARE: Bem, os piratas do rio são maus e o leão de prata é bom.

JAN: [*no quadro*] Então, o leão de prata se encaixa nessa parte, com Lecktro e a águia, todas as coisas boas, não é? Então, ele era bom. E nós temos... no mal, nós temos os corvos, os tubarões e a morte – a figura da morte – [*falando por cima*]

JAN: Agora, temos três coisas em cada lado. Os corvos, os tubarões e a figura da morte. E aqui temos Lektro, águia e leão de prata. Agora, podemos ver uma conexão entre estes? Estou começando a ver coisas, acho. [*Pausa.*]

RICHARD: Bem, obviamente, você poderia dizer que os corvos e Lektro andam juntos, o leão de prata pode ser, talvez, um espírito, e a morte pode ser uma espécie de espírito, então, o leão de prata e a morte podem andar juntos.

JAN: Isso é muito interessante, porque é o que eu estava pensando. Certamente, o leão de prata e a morte são tipos de espíritos. Onde as outras coisas são coisas reais, o leão de prata e a figura da morte não são reais, ou são, de alguma forma?

CRIANÇAS: Não!

JAN: Então, eles têm um significado diferente dos outros, não é? Porque a morte vem quando a guerra está chegando e... o leão de prata vem mais de uma vez, não é?

CRIANÇAS: Sim!

CLARE: O mesmo acontece com a figura da morte, porque ela vem antes da guerra, mas também depois.

JAN: Isso mesmo, Clare! Ela realmente vem! E o leão de prata chega quando?

DANIEL: [*Indecifrável.*]

JAN: Sim. Vamos pensar nos momentos em que o leão de prata chega. Ele vem antes da guerra, quando desembarcam. Vocês conseguem lembrar exatamente quando?

UM MENINO: Foi depois que o operador da grua ajudou as pessoas do circo com os animais?

JAN: Sim, foi.

CRIANÇAS: Sim! [*Elas classificam isso com precisão, listando as aparências do leão.*]

Um padrão narrativo está sendo descoberto e reconstruído. A aula está dentro do alcance de uma recuperação do significado, e na parte final da sessão, elas começam a resolver isso. É óbvio, desde o momento em que Jan mencionou os corvos pela primeira vez, é possível ver que ela tem uma direção crítica em mente. Até certo ponto, ela está definindo a temática. À medida que adquiriu mais experiência com a abordagem, ela aprendeu a se conter, permitindo que as crianças moldassem muito mais o discurso.

Jan admirava muito *The Crane* e queria que suas crianças gostassem tanto quanto ela. Quando isso acontece, é difícil para a professora permanecer neutra; e às vezes (como acredito que foi neste caso) é certo que ela as ajude a encontrar uma linha de pensamento que seja produtiva. Inquestionavelmente, eu sei pelos resultados desta sessão, as crianças aprenderam muito não apenas sobre este livro, mas sobre como entrar em um livro de um tipo desconhecido, como questioná-lo e como desfrutar de sua harmonia incomum. E, além de tudo, pode-se ouvir na fita o entusiasmo incessante das crianças e sua vontade de participar da discussão.

Um diário íntimo de leitura em andamento

Liz Tansley, geralmente, ensinava crianças em idade de Educação Infantil. Devido a uma mudança, ela assumiu por um ano uma classe de crianças entre 7 e 9 anos de idade, para as quais deu aulas junto a uma colega que cuidava de um grupo similar em uma escola de área aberta. Durante esse tempo, Liz passou a praticar o "Diga-me". Quando começou, estava lendo *The Wool-Pack*, de Cynthia Hamett, para seus alunos, seguindo-o com *Sun Horse, Moon Horse*, de Rosemary Sutcliff. Suas sessões de conversa literária desenvolveram-se durante as leituras de *The Eighteenth Emergency*, de Betsy Byars, e de meu livro *The Present*

Takers. Até então, ela havia seguido o plano de perguntar as questões básicas, estabelecendo a temática de destaque e introduzindo questões especiais que ela considerava necessárias. As crianças haviam se saído bem e logo se acostumaram com esse jeito de conversar. Agora, ela queria seguir em frente, improvisar mais, dar a si mesma e a seus alunos um texto desafiador e muitas oportunidades para explorar sua leitura. Escolheu *Slake's Limbo*, de Felice Holman, um livro que eu teria pensado que talvez fosse melhor deixar para um ou dois anos depois, mas que ela decidiu que iria estendê-lo sem perda de prazer.

Para que pudesse refletir sobre o que fez e ter um registro para me entregar, Liz manteve um diário de cada sessão. O resultado é um relato escrito de uma professora altamente qualificada praticando a arte de sua profissão com grande sensibilidade e visão autocrítica. A maneira como lida com o livro, a aula e a conversa de "Diga-me" é sutil, complexa e, em muitos aspectos, idiossincrática. Os comentários analíticos entre colchetes são meus.

Segunda-feira, 10 de março. Para diversificar, decidi ler apenas para o meu próprio grupo e hoje começaremos com o *Slake's Limbo*. Comecei dizendo que é um livro importante, que precisa de muita reflexão e de que havia gostado muito. Deliberadamente, não afirmei que poderíamos encontrar uma conexão com o que tínhamos ouvido recentemente, como fizera em *The Eighteenth Emergency* em relação a *The Present Takers*. Meu semblante estava sério, então, a atmosfera era expectante, mas quieta e sóbria.

O único antecedente que dei foi uma referência rápida aos metrôs [Nova York] e aos subterrâneos [Londres], que a maioria das crianças pelo menos conhecia, mesmo que não os frequentasse. "Elevado" e "astuto", lembro que tive de explicar. Ninguém conseguiu compreender a palavra "astuto" até que eu introduzisse "astuto como uma..." e, em seguida, uma criança disse "raposa". Espero me lembrar de voltar a isso como um indicador do caráter e da condição de Slake. Eu li, em duas sessões de cerca de vinte minutos, até o ponto em que Slake foge para o metrô por 121 dias. Repeti essa frase enquanto fechava o livro (eles sempre acham que é um gesto bastante dramático, se você fizer isso com deliberação), e houve um suspiro generalizado. Eles, imediatamente, quiseram saber mais sobre essa medida de tempo e não pensaram em como Slake sobreviveria ou no ato real de fugir de casa.

Eu, então, disse: "O que vocês fariam se tivessem tido um dia ruim, ou uma experiência horrível, ou se sentissem que o mundo está contra vocês, para onde vocês iriam?" [*Um convite, para trazer seu mundo ao texto*]. Ao que eles responderam, em uníssono, "Casa". As crianças perceberam uma diferença imediata entre eles e Slake, e essa resposta mostra que minha faixa etária ainda está muito ligada ao lar como o refúgio, e o único, o que pode não ser o caso, à medida que as crianças ficam mais velhas. Estou pensando aqui em um adolescente que pode estar mais inclinado a compartilhar problemas com grupos de amigos, com seus pares primeiro, em vez de em casa.

Então, já sei que um vínculo de interesse foi forjado com o livro e, pelas expressões faciais delas, pude ver que estavam sentindo uma reação mista. Ficaram surpresas com a situação em que Slake havia se metido, e o viam com simpatia, tinham medo por sua ousadia.

Quando perguntei por que Slake não tinha decidido ir para casa, as crianças acertaram em cheio no que se referia a seu histórico angustiante. Eu pedi "evidências" [*Como você sabe disso?*] – elas amam essa palavra. Acho que pode ter a ver com o fato de que com frequência falamos com as crianças que, quando lemos, somos como detetive. Elas notaram o "tipo de tia", ao ser "esbofeteado", as condições para dormir e os "restos" de comida. Os americanismos da língua não as atrapalharam em nada. Sempre fico surpresa com o pouco ou nenhum comentário que recebo sobre a configuração formal da escola, o que é evidente em todos os três livros desta série de leituras. É muito diferente da experiência que elas tiveram. Para elas, a escola deve ter uma espécie de conceito universal que lhes permita aceitar qualquer modelo.

Terça-feira, 11 de março. Eu só poderia fazer sessão da história de hoje no momento do planejamento diário[11]. Lemos o capítulo 2 e *On Another Track.*

---

11 O texto original traz a expressão *home-base*. A opção de tradução por *planejamento diário* se refere à sessão de conversa habitualmente feita pelos professores e seus alunos antes de iniciar ou finalizar os trabalhos do dia em classes de Educação Infantil e anos iniciais do Ensino Fundamental. (Nota da Tradutora)

Eu apenas disse "121 dias" e entrei direto. Deixei frases como "Uma gangue de peso saltando sobre o casco" e "outras circunstâncias fortuitas" no fluxo da narrativa, mas fiz um gesto com as mãos imitando o voo de Slake ao fugir da gangue e fiz a mímica do "contorcer" de seu corpo pela abertura da caverna.

Quando viramos a página e encontramos *On Another Track*, virei o livro para as crianças e chamei-lhes a atenção para a diferença na tipografia. Elas notaram a impressão mais escura [*bold*] e o fato de que havia um título para o capítulo e não um número. Perguntei, retoricamente, por que o livro tinha essa mudança, a que propósito servia, e obtive um "Hmm" geral das crianças. Eu me pergunto o que elas acharão dessa parte da estrutura à medida que a história se desenvolve.

Quando fechei o livro, procurei uma reação que me dissesse o que eles sabiam até agora em relação ao que estava acontecendo em um nível mais profundo. Eu perguntei "O que estamos mostrando até agora? Que ideias estão saindo do livro?" Silêncio. Então, acrescentei: "Estamos apenas descobrindo coisas que acontecem ou alguma ideia importante está surgindo em sua mente?" [*Que tipo de história é essa? Como devemos "ler" isso?*] Silêncio novamente, mas acompanhado por olhares para baixo (sempre um sinal claro de que algo está acontecendo) e dedos nos lábios. Indo mais longe, perguntei a James se ele se lembrava da palavra que usou para descrever *The Present Takers*. Ele lembrou – a palavra era "emocional". [*A experiência da leitura anterior sendo trazida para o auxílio da interpretação de um texto desconhecido. Funciona, liberando novas ideias*]. Uma vez que disse isso, houve mais reflexão, e desse modo outro menino surgiu com a palavra "visão". Reagi com surpresa e prazer, falando que não tinha pensado nisso e que iríamos seguir a ideia até o fim. De imediato, duas crianças surgiram com a referência a Willis Joe sonhando em conduzir ovelhas na Austrália, e a Slake, citando "ele andou como um sonhador". Uma criança mais nova (Hannah) acrescentou o fato da miopia de Slake, seguida por outra falando que o túnel [*metrô*] estava escuro e Slake não conseguia ver muito bem lá. Nesse momento, achei certo ajudá-las a articular o sentido para o que estavam revelando [*a professora resume*], e disse que era uma conexão entre os sonhos reais de Slake e que Willis Joe também podia sonhar com outros lugares e ter sentimentos que não tinham a ver com seu trabalho.

Perguntei se a palavra "horizonte" se encaixava em algum lugar. Isso estava além da compreensão delas, de modo que dei uma explicação da palavra e disse que achava que a ideia de Slake e Willis Joe sonhando com espaços e lugares com vistas amplas era de alguma importância, quando sabíamos que os arranha-céus e túneis da cidade bloqueavam a luz e as vistas, esperando que eu tivesse adicionado algo ao seu repertório de "vistas".

Agradou-me e tranquilizou-me obter a resposta de "visão". Eu esperava que toda a coisa de túneis e subterrâneos fosse o que prevaleceria em suas mentes. Eu sei que li com ênfase sempre que subterrâneo aparecia no texto. Mais uma vez, a independência das crianças, na assimilação e reação a um texto, veio à tona. A confiança na capacidade das crianças é o fator mais importante na conversa literária. Ou seja, elas não irão simplesmente regurgitar o que a professora pensa que ela plantou em suas mentes.

Quinta-feira, 13 de março. Planejamento no final do dia. As crianças estavam cansadas e amanhã lerei no início do dia. Faço uma rápida recapitulação, baseada em "Slake sabia que estava no mercado". A próxima parte da história é sobre o desenvolvimento do negócio jornalístico de Slake [*ele coleta papéis usados deixados pelos passageiros na estação, alisa-os e os vende novamente para pessoas apressadas demais para ir até uma loja de jornais*]. Embora a palavra crime seja usada, acho que, pelas risadas, as crianças viram essa ação como travessura. Eles gostaram de toda a parte sobre Slake fazendo sua cama com sobras de papéis, provavelmente apelando para o deleite dessa faixa etária em fazer tocas e ambientes "simulados" em geral.

Pouco antes de Slake voltar para sua caverna, há uma frase: "Slake estava"; as crianças disseram a palavra "casa" quando olhei para elas.

Então, chegamos a *On Another Track*. O livro foi voltado para as crianças e houve o reconhecimento de que ele tinha o mesmo título e a mesma impressão de antes. A surpresa foi com o tamanho curto, apenas uma página. Um menino, Stephen, disse algo como se pensasse que o autor tratava de nos dizer algo. [*O livro-como-objeto sendo usado como uma pista para o significado*]. Eu respondi "Muito bem" e perguntei se ele poderia explicar um pouco mais. Ele estava lutando com um pensamento abstrato, tendo reunido uma ideia generalizada de parte do vocabulário de "reflexão sobre os livros" que estamos procurando construir. Foi agradável perceber sua confiança em falar assim dentro do grupo. [*Tudo é respeitosamente relatável*]. Ele é um dos mais jovens e não havia tentado conduzir uma nova linha de pensamento para o grupo considerar antes.

Eu disse "Algo está acontecendo nesse pedaço" e li. Em minha opinião, essa parte seria demais para eles, então, virei a página, de novo virei o livro para que o vissem, e eles disseram "Voltamos a ter um número para um capítulo". Já estava tarde, mas decidi ler rapidamente o próximo capítulo para manter o fluxo da leitura depois da última parte difícil. Mas foi aqui que se abriu espaço para a conversa. Foi a passagem em que os dois "clientes regulares" são apresentados. Várias crianças estavam convencidas de que era razoável pensar que o "homem de turbante" poderia ser Willis Joe e que ele poderia encontrar Slake novamente e resgatá-lo. Reagi com menos entusiasmo, mas meus gestos e meu "perdão?" foram derrotados pela empolgação em pensar que estavam resolvendo o problema que aconteceria a seguir. Resolvi isso com um fraco "Bem, veremos". Quando algumas crianças entenderam minha sugestão, uma discussão começou e dela surgiram alguns argumentos do tipo "Como Willis Joe estaria comprando um jornal quando veio para a estação trabalhar?", que se respondeu com "Ele poderia comprar um jornal antes de começar a trabalhar", que se respondeu por sua vez com "Mas esta estação faria parte do seu trabalho", contraposta por "Hoje pode ser seu dia de folga" e "De qualquer forma, ele sorriu para Slake". Eu não achei que tinha muita chance, então deixei por isso mesmo.

Pensando no que você disse uma vez sobre crianças-chave que exercem influência dentro de um grupo e moldam respostas gerais, sei que me apoio em Dean, Katiana, James Bro., Matthew, do segundo ano, e Hannah, Tom, John, dos primeiros anos.

Dean é um grande leitor, muito maduro. Ele sempre compra ou pede emprestados os livros que lemos juntos. Só começamos este livro na segunda-feira. Ele estava ausente na terça-feira, então, na quarta-feira leu o que ele havia perdido. Hoje me informou que pegou este livro emprestado na biblioteca pública e se levantou às sete horas da manhã e que já havia terminado! Ele é fundamental no meu grupo e quando os dois grupos compartilham uma história juntos. É fisicamente grande e geralmente hábil, popular, e portanto um modelo para outras crianças, em especial para os meninos. Todos nós ficamos atentos quando Dean murmura "Ah, esta é uma boa parte".

Sexta-feira, 14 de março. Páginas 35 a 42. Apenas folheando as páginas, me deparei com "Daí em diante a caverna estava iluminada", quando Slake pega a lâmpada. Aqui está um exemplo perfeito da maneira pela qual o "dar-e-receber" funciona entre professor e crianças. Minha mente voltou para a conversa sobre "vista". Vejo que não percebi quando li sozinha as metáforas de imagens de luz e de visão. Agora, vejo as conexões com referências em *On Another Track*, um pouco antes do quinto capítulo, com a alma de Willis Joe e, por consequência, com a alma de Slake e, além disso, com a nossa. Mais uma vez, para mim, as conexões com imagens cristãs tradicionais são fortes.

Lemos Slake logo pela manhã, quando as crianças estavam alertas. Lembrei-as de que havíamos começado o capítulo cinco e que Slake agora tinha "dois clientes regulares". Li até o final do capítulo cinco, voltando o livro para eles para mostrar o grafite e como ele foi tipografado, e o uso de uma série de pontos: como na frase final "As expectativas de Slake para o bem não eram grandes... não eram ótimas... não eram..."

Parei por um breve momento, quando chegamos à parte em que Slake olha pela janela do vagão "como se houvesse algo para ver nas escuras paredes de concreto". Senti que as crianças queriam parar aqui, algumas se inclinaram para a frente e outras começaram a levantar as mãos. Elas, rapidamente, se conectaram com sua discussão sobre "vista" de ontem e a viram em termos de sonho. Eu acho, espero, que elas agora estejam incorporando a ideia de sonhar acordado, assim como se sonha dormindo. Devo tentar descobrir se é assim mesmo.

Quando chegamos à frase "Ele começou a conhecer os sinais do metrô como um lenhador conhece a selva", eu, deliberadamente, chamei a atenção deles repetindo-a. Percebi que a concentração de Rebecca havia sumido e reforcei meu argumento dizendo "Você precisa ouvir esta parte, Rebecca, penso que você achará importante". [*Às vezes, o professor fornece energia para os alunos que se distraem*]. Logo, definimos selva e seguimos em frente. [*O professor ajuda fornecendo informações de que o aluno precisa e não possui*].

No final do capítulo, perguntei: "Querem falar alguma coisa agora?". Muitas mãos se levantaram. Peguei, então, meu caderno, sugerindo que seria bom anotar algumas de nossas ideias, pois teríamos uma sessão de conversas com o outro grupo pela manhã. Mais mãos se levantaram, e, no curto tempo que tínhamos, estes são alguns dos comentários que conseguimos registrar:

"Ele vê coisas nas paredes. É como se ele estivesse sonhando."

"Os três pontinhos são como se algo estivesse desaparecendo, é uma pausa, mostra que continua." (De três crianças.)

Olhei-as aqui e perguntei: "Alguma palavra importante para as ideias neste capítulo?".

Matthew: "Exploração, porque se conecta com Willis Joe. E é como em *The Eighteenth Emergency*, com Mouse explorando para encontrar Hammerman."

Hannah: "Em todas as três histórias, o personagem principal foi incomodado."

Rebecca (sem dúvida sua atenção havia sido recuperada, pois ela tentou citar): "Ele conhece os sinais como se fosse um lenhador no deserto." Solicitada a acrescentar algo a isso, ela falou: "Os meninos de gangue são como meninos selvagens."

Stephen foi acionado por Rebecca trazendo "selva" e disse "Slake é como um texugo, porque à noite ele se enfia em seu túnel."

Eu ergui minhas sobrancelhas com isso, e Stephen foi imediatamente defendido por outro garoto que afirmou que texugos entram em seus túneis à noite, bem como durante o dia.

Neil: "Conseguir comida como no deserto."

James Bro.: "Ele está perdido, mas não com medo." (Achei que fosse uma observação sensível. James tem a capacidade de entrar em um personagem. Foi ele quem disse que *The Present Takers* era um "livro emocional".)

James, motivado por Dean: "A cidade é como a selva porque ela não tem amigos."

[*Nestes comentários, vemos o uso de referências intertextuais, uma descoberta de significado metafórico, o trazer do mundo ao texto para resolver um problema e uma visão do personagem.*]

Tivemos de parar por aí, mas, no final da manhã, reuni-me com os dois grupos juntos para uma sessão de conversa. O outro grupo estava ouvindo a história de seu próprio professor. Eu disse que queria usar o quadro e tentar conectar os três livros. Não tínhamos feito isso antes de uma forma tão definitiva e havia uma grande empolgação das crianças. Há mais de cinquenta crianças, quando os dois grupos estão juntos, mas elas nunca mostram sinais de dificuldade, ouvindo bem uns aos outros e bastante satisfeitas em concordar com um "sim" ou em discordar com "na verdade, não", se não for escolhido para liderar com uma resposta.

Como de costume, pedi palavras [*uma só*], pois isso parece mais fácil para as crianças se concentrarem em recontar as ideias em vez de recontar a história, embora elas sintam liberdade, e o façam, de dar uma resposta longa se elas desejarem [*tudo é respeitosamente relatado*]. Tudo o que coloco no quadro, sempre comento e peço evidência do texto [*Como você sabe?*], mesmo que apenas rapidamente. Isso permite que outras crianças, em vez de apenas aquele que disse a palavra, participem e expandam o que está sendo criado. [*Reunião cooperativa de ideias*]. Eu lhes dei a palavra vítima depois de ter-lhes dado a palavra *bullying*, e protetor depois de aliado, pois pensei que incrementaria no entendimento dos textos. [*Professor como fonte de informação*].

Perguntei se queriam colocar aliado embaixo de *Slake's Limbo*. Elas, muito acertadamente, vieram com Willis Joe, mas falei que me perguntava se o livro de fato tinha, até agora, dado alguma ideia firme de que Willis Joe poderia ou seria algum tipo de amigo ou aliado de Slake. Elas decidiram colocar um ponto de interrogação em vez disso.

Pensando nisso agora, a sua lógica era melhor do que a minha, pois, obviamente, sentiam que Slake, seguindo a forma dos dois livros anteriores e de muitos outros já em sua história, irá e deve (para elas) ter um aliado em algum momento. E como o livro e eu demos um lugar importante para Willis Joe, e uma vez que foi apresentado de uma forma interessante e não ameaçadora, as crianças estavam fazendo um julgamento baseado na razão e sentimento das experiências de leitura anteriores.

[Deste ponto em diante, não ofereço mais nenhum comentário analítico, esperando que agora você esteja suficientemente familiarizado com o enfoque para fazer seus próprios.]

Segunda-feira, 17 de março. Eu tive tempo apenas para uma curta sessão matinal no horário do planejamento diário. Muito tempo foi usado discutindo que os pais haviam permitido que seus filhos participassem mais tarde da "Litter Blitz"[12] naquele dia. Como resultado, só chegamos às primeiras quatro páginas do capítulo seis. Isso nos levou ao ponto em que Slake se sentiu ameaçado pelo "homem de turbante", questionando-o sobre seu negócio com os jornais. Não havia horário para discussão, mas as crianças estavam preocupadas com Slake.

No final do dia, nos últimos dez minutos, pude voltar ao que tínhamos ouvido e pedir comentários. Nenhum sinal de entusiasmo – estava quente e estávamos todos cansados, então, eu disse que talvez pudéssemos deixar apontadas algumas ideias para que estivéssemos prontos para a nossa próxima sessão de compartilhamento com o outro grupo.

Matthew perguntou: "Onde diz 121 no metrô, está na história agora?". A questão, ficou claro, veio da confusão com a lembrança de Slake de seu tempo com sua tia, quando ele foi acusado de gastar o dinheiro depositado na garrafa.

Eles estavam todos quietos, de modo que lhes disse que suas ideias sobre "vista" tinham me ajudado com o livro. Em seguida, expressei que achava que as ideias sobre a vista também estavam relacionadas com a luz, e afirmei que tinha a ver com uma frase sobre Slake levando uma luz para sua caverna. Eles aceitaram o desafio e quase acertaram a frase, dizendo "Com isso, a caverna de Slake foi iluminada". Então, eu disse: se olharmos para as duas palavras, escuridão e luz, elas têm algo a ver com o caráter de Slake e as condições de sua vida? As respostas:

James Bro.: "Sua caverna é mal iluminada e também sua vida." Eu falei "Que boa maneira de colocar as coisas" e pedi mais explicações.

---

12 É provável que seja algum projeto de recolher lixo na comunidade, ajudar a limpar e reciclar. (Nota da Tradutora)

Dean: É enfadonha.

Rebecca e Anouska: "Ele não tem roupas ou comida adequadas."

Matthew: "Ele não tem amigos de verdade, o escuro é uma cor sombria e, quando está claro, é meio alegre."

Dean: "Sim, o castigo que ele teve."

Katiana: "Quando ele está com a tia ele se sente sombrio."

O que é interessante aqui é que apenas as crianças mais velhas assumem a liderança no pensamento. Minha pergunta deve ter sido muito difícil, tanto em sua formulação quanto em seu conteúdo. Crianças mais novas e menos maduras (não estou colocando os dois atributos juntos) se juntaram, principalmente repetindo "O túnel está escuro" ou "As paredes estão escuras".

Talvez imprudentemente, voltei ao túnel e às imagens subterrâneas. Quando perguntei "Será que a ideia do túnel, de estar no subsolo, desempenha um papel importante na história?" havia lábios franzidos, cabeças para o lado e expressões de "Não realmente" em seus rostos.

Ainda preocupada, insistindo com o tema, e ficando um pouco exasperada, sugeri que túneis, e frio, e ficar sem cama adequada, e escuridão, não eram as coisas habituais em nossas vidas. Eu perguntei o que o túnel e o metrô significavam para Slake, por que ele escolheu estar lá?

"Casa", "Esconderijo", "Espaço seguro", "Ele está protegido". O tom de voz com que essas respostas foram dadas sugeria que eu, na verdade, não precisava ter perguntado.

De alguma forma, chegamos à palavra civilizado. Tive de explicar e depois perguntei se a vida de Slake era civilizada no metrô. De pronto, elas vieram com:

"Abrigo", "Amigo, a faxineira", "Calor", "Ele está livre de ser caçado", "Comida", "Limpeza, porque ele se lavou nos banheiros limpos", "Ele tem um emprego, seu negócio", "Água", "Ele dirige sua própria vida" (veio de Matthew, eu me lembro).

Katy, que vinha ruminando sobre a civilização todo esse tempo, sorriu e disse: "Sim, mas ele não limpa os dentes".

Quarta-feira, 19 de março. O capítulo 7, no qual a vida fica cada vez melhor para Slake, foi muito apreciado. As crianças sorriram e riram muito, revelando uma sensação de alívio por Slake, simpatizando muito com sua classificação e seu gosto por colecionar. Eles adoraram a resposta "Bom o suficiente" no final, do homem de turbante (óculos de Slake), rindo e repetindo para si mesmos.

Toda a seção sobre os óculos de Slake (página 54) era muito relevante para seus pensamentos sobre a vista. Eu olhei para eles e disse que isso se encaixava em nossos pensamentos até agora, e que, na minha cabeça, veio o nome de um livro que tinha a certeza de que todos eles ouviram, quando crianças, provavelmente viram como um filme na televisão. Muitas expressões intrigadas, às quais respondi com "Pense em óculos, lentes coloridas que mudam a aparência do mundo". Mais um pouco de reflexão e, em seguida, várias crianças surgiram com *O Mágico de Oz*. Eles falaram sobre suas memórias por alguns minutos antes que eu os levasse de volta a Slake, perguntando se havia alguma conexão entre os dois livros. Muitas crianças disseram que sim, mas, nos poucos minutos que faltavam recebi apenas dois comentários, e eram relacionados com a vista:

> Matthew: "É como Dorothy, quanto mais ele fica, mais feliz ele se torna, não quer ir embora."

> Stuart (um dos meus chamados alunos menos capazes): "A tia dele é má como a bruxa má de *O Mágico de Oz*." Este último comentário aumentou bastante a posição de Stuart no grupo, e ele se deleitou com os murmúrios e os olhares de aprovação.

Quinta e sexta foram os últimos dias do semestre. Terminar os livros de estudo, separar as obras de arte, verificar o equipamento, limpar etc. significava que a atmosfera não era adequada para uma escuta concentrada, então, as crianças concordaram que deveríamos terminar o Slake no início do próximo semestre.

Semestre de verão, segunda-feira, 7 de abril. O interesse deles foi mantido durante o intervalo de duas semanas, e a primeira coisa que fizemos esta manhã foi começar o livro de onde paramos.

Chegamos à parte em que as luzes da plataforma se apagam e a palavra evolução aparece no texto. Eu perguntei se sabiam o que significava. Muitos estavam inseguros, portanto, dei uma breve explicação e eles, rapidamente, perceberam o aspecto do homem primitivo, com Stuart falando "O homem, há muito tempo, viveu em cavernas". Outros concordaram e perguntei se isso tinha alguma relação com o que sabíamos do livro. Eles responderam com "Sim... homem das cavernas... trapos velhos... sem comida adequada... sem cama adequada... desenhos como os homens das cavernas... catadores em busca de comida".

A página 77 nos trouxe de volta a Willis Joe, onde se descreve a deterioração de sua vida, sua falta de motivação para o trabalho e sua família. Eu apenas perguntei se eles tinham algo a dizer sobre isso:

Rebecca: "Ele está brigando com a esposa e os filhos."

Tom: "Ele está fazendo mal as coisas." (Um menino acrescentou "Como um lunático.")

James Bro.: "Ele percorre o longo caminho para casa de propósito."

Depois disso, perguntei "Como você descreveria a atmosfera neste pedaço?". Stuart, cuja atenção muitas vezes vagueia, ainda estava prestando muita atenção e foi novamente o primeiro a responder:

Stuart: "Cansativo."

Hannah: "É como um hábito, a vida dele é entediante."

James Bro.: "Ele é viciado, igual cigarros."

Tom: "Porque ele está ficando farto de sua vida, ele está se aproximando da Austrália de novo, ele precisa disso."

Esse último comentário perspicaz intrigou algumas crianças e fizemos uma conversa geral sobre como os sonhos e as ambições, e talvez especialmente, os não realizados, são importantes para as pessoas.

Terça-feira, 8 de abril. Hoje, lemos os capítulos treze e quatorze. Vimos quão pouco restava para ler e as crianças se entusiasmavam com a ideia do clímax da história.

Discutimos o uso da palavra tumba em conexão com o fato de Slake quase ficar enterrado em sua caverna, quando ele percebe que os trabalhadores estão vindo para bloquear o buraco do túnel. Gostaria de saber se seriam capazes de fazer a conexão com a história da Páscoa, que tanto ouviram antes das férias. Eles acharam isso muito difícil ou simplesmente irrelevante para a percepção do livro, então, eu disse que era uma conexão que eu própria achava interessante e deixei por isso mesmo.

No final do capítulo 13 em *The Reading Environment*, chamo a atenção deles para a palavra trilhas, pouco antes de Slake entrar cambaleando para dentro do túnel.

As crianças estavam agora muito animadas, mas antes de começarmos o próximo capítulo, pedi alguns comentários:

Peter: "Slake pode morrer."

Anthony: "Suas linhas se cruzaram."

Anouska: "Slake está zangado com os trabalhadores."

Katiana: "Se ele não acordar direito, a casa dele estará perdida."

Rebecca: "Acho que Willis Joe o ajudará a recuperar sua casa!"

Matthew: "Slake está morrendo e a caverna dele também."

Acabamos de ler o capítulo quatorze. As crianças ficaram maravilhadas por Slake estar bem e também por Willis Joe ter se recuperado mentalmente; como disse Neil, "Willis deixou de ser um lunático".

Quarta-feira, 9 de abril. De comum acordo, Slake precisava ser terminado logo de manhã. Antes de começarmos, falamos sobre como os capítulos finais, em geral, reúnem fios da história que pareciam desconectados ou intrigantes, e que deveríamos prestar atenção a este aspecto enquanto líamos.

Elas não quiseram parar em lugar nenhum durante a leitura, e quando o livro foi fechado, eu senti um certo ar de decepção. Apenas olhei para elas interrogativamente e Anouska disse veementemente "É como um filme com um final estúpido, você não sabe o que aconteceu." Ficamos todos tão surpresos com isso que temi que as crianças pensassem que o livro as havia enganado de alguma forma, e me perguntei se eu poderia resgatar a experiência para elas.

Então afirmei que os livros têm todos os tipos de finais e que este pode ser o tipo que exige que o leitor volte ao livro para entender como o final funcionou.

Eles se animaram com isso e houve dois comentários que os ajudaram a chegar a um acordo com o final:

Matthew: "Slake queria deixar o metrô como Willis Joe queria deixar suas ovelhas."

James Bro.: "Slake escapou da tumba e o pássaro escapou de Slake, tem ideias de preso e escapado."

Concluí dizendo que este era um livro sobre o qual todos precisaríamos pensar e que eu pegaria o gravador para que eles pudessem ter algumas conversas em pequenos grupos e reunir suas ideias, bem como colocar suas ideias por escrito se eles quisessem.

15 de abril. Agora tenho um estudante trabalhando comigo que começou a ler *The Way to Sattin Shore* [de Philippa Pearce] para meu grupo. Terminamos as fitas e escritas sobre Slake.

Capítulo XV

Jogos com "Diga-me"

Variações sobre um tema: estratégias que consideramos como jogos de leitura que permitem que o enfoque "Diga-me" seja desfrutado de maneiras que ampliem seu escopo e enfatizem um ou outro aspecto de sua potencialidade.

O jogo de sentenças

A classe é dividida em pequenos grupos de não menos que três e não mais que cinco. Cada grupo terá lido um livro diferente. Os membros do grupo começam compartilhando as quatro perguntas básicas. Se eles quiserem (ou o professor quiser), um deles é nomeado moderador e outro como secretário. Quando terminam as questões básicas, falam sobre quaisquer questões gerais e especiais que considerem adequadas ou que o professor lhes tenha pedido que abordassem. Durante esse tempo, o professor visita os grupos para se manter a par do que está acontecendo e para ajudar com quaisquer problemas. Quando o professor presume o momento certo, a conversa é interrompida, e cada membro do grupo, em particular (nenhuma discussão é permitida), escreve o que mais gostaria de comentar sobre o livro para alguém que ainda não o leu. Não dê muito tempo para isso; não deve ser demorado, mas escrito sob pressão. Em seguida, o grupo ouve a frase de cada membro, e entre eles se ajudam a revisar suas frases para expressar da melhor forma possível o que querem dizer. E, finalmente, decidem em que ordem lerão suas frases para toda a classe. Em outras palavras, eles organizam suas frases em um parágrafo. Isso também deve ser feito rapidamente.

Agora a classe se junta. O professor nomeia um grupo para começar a próxima parte do jogo, que deve ser feita de maneira bastante formal, o grupo sentado na frente da classe, como um painel, toda a ação deve ser ligeiramente dramatizada para que cada um se sinta importante. O grupo escolhido anuncia o título e o autor de seu livro e mostra uma cópia dele. Em seguida, cada frase é lida na ordem acordada. O professor pergunta quem na plateia já quer ler este livro. Depois disso, o resto da classe questiona o grupo sobre o livro. Os membros devem responder, embora possam conferir, e têm a opção de dizer que responder a essa pergunta estragaria a história. De vez em quando, o professor pergunta quem gostaria de ler o livro e permite que o questionamento continue enquanto parecer frutífero.

Achei este jogo extremamente útil e em geral apreciado. Um exemplo: um grupo de três alunos leu *Bridge to Terabithia*, de Katherine Paterson. Suas frases foram assim: "Não quero dizer nada a você sobre este livro porque iria estragá-lo. Acho que é um dos melhores livros que já li. Acho que você também vai gostar, mas a melhor forma de aproveitar é ler antes de falar qualquer coisa a respeito". Minha reação imediata foi que aquele seria o fim da sessão. Mas de forma alguma. Seguiu-se uma longa sessão de perguntas e respostas enquanto a classe tentava sondar o que o grupo queria dizer e o que os fazia se sentir como se sentiam. Depois, quase todos leram o livro e voltaram exigindo uma sessão completa de "Diga-me" sobre ele, porque disseram que, depois de lê-lo, eles podiam ver por que o grupo estava tão relutante em falar sobre ele, e agora queriam saber o que todo mundo pensava.

Os participantes logo aprendem as perguntas que ajudam a continuar a conversa, como "Onde a história se passa?", "Quando se passa?", "Quem é o personagem principal e como ele ou ela é?", "É o tipo de livro que você não pode largar?". Eles também aprendem que pedir que uma passagem seja lida em voz alta é útil; e aprendem que ensaiar uma passagem para se preparar para esse pedido também é.

Os valores educacionais deste jogo são óbvios: um livro deve ser lido com atenção suficiente para falar bem sobre ele; há trabalho em pequenos e grandes grupos baseado na conversa cooperativa; uma frase cuidadosamente construída deve ser escrita e a ajuda editorial trocada; ganha-se experiência ao apresentar pensamentos, sentimentos, ideias críticas a um público e explicá-los e defendê-los; a leitura adicional estimulada pelo aluno é um resultado possível.

O jogo do não leitor

Os não leitores de um livro em qualquer grupo de leitores são, geralmente, considerados um incômodo. Esta é uma forma de torná-los úteis. Como não sabem nada sobre o livro, podem ser encarregados de questionar e esclarecer. Sempre que eles não tiverem certeza do que o resto do grupo está falando devem dizer e os outros devem explicar. De vez em quando, o professor pede que eles resumam o que acham que foi dito – e isso pode fazer os outros pensarem uma vez mais sobre o que querem dizer e se expressarem com mais cuidado e sutileza.

A presença de não leitores não precisa ser deixada ao acaso. Ao selecionar um livro para uma sessão "Diga-me", algumas pessoas na classe podem ser solicitadas a não o ler e a estarem prontas para desempenhar o papel de não leitor durante a discussão. Eles adicionam um pouco de tempero à sessão.

O jogo da responsabilidade

Ao que parece, "tornar real" deve ser um princípio orientador em todas as atividades educacionais. Assim, com a matemática se aprende melhor fazendo algo com ela que tenha um propósito real e diário do que apenas realizando exercícios, para mostrar que você os pratica. Uma das grandes coisas sobre a leitura de literatura é que a leitura é seu próprio "propósito real". Você lê literatura por si mesma – para gostar de fazê-la, pelo interesse do próprio texto e pelo que pode ser aprendido com ele.

No entanto, existem atividades relacionadas que envolvem procedimentos interpretativos e distintos que, especialmente para as crianças, desenvolvem sua compreensão do que significa ler, para que serve e por que fazê-lo. O mais importante deles é assumir a responsabilidade pela leitura de outra pessoa. Existem várias maneiras de fazer isso, mas a melhor envolve muitas conversas críticas entre os participantes. Aqui estão alguns exemplos, cujas descrições mais longas estão incluídas na Parte Um, *The Reading Environment*[13]:

1. Os alunos mais velhos levam uma seleção de livros para os alunos mais novos, livros que leram, discutiram e pensam que os mais novos irão gostar. E o que eles farão? Ler em voz alta? Nesse caso, praticar é necessário para que eles possam fazê-lo bem. O que vão dizer? Que perguntas farão aos mais jovens e quais não, e por quê? Tudo isso precisa de discussão e preparação. Ao fazer isso, os alunos mais velhos refletem sobre si mesmos, aprendem (e reaprendem) que tipo de leitores eles foram e são agora, e emitem julgamentos críticos sobre o valor de livros individuais.

2. "Você leu isto?" sessões para sua própria classe, outras classes, grupos de pais, quem quer que seja. Reitero, isso implica preparar um livro com cuidado, pensando no que você quer falar sobre ele e porque vale a pena escolhê-lo e encorajar outras pessoas a lê-lo. E preparando passagens para ler em voz alta.

---

13   Refere-se, como dito na nota de tradução, ao livro *The Reading Environment*.

3. Resenhas escritas, biografias de autores e outros tipos de convites ao texto (ilustrações, *designs* de capas, pinturas de cenas etc.) para "publicação" em painéis de exibição, revistas escolares etc.

4. Programas de antologia ensaiados e apresentados para toda a escola ou para reuniões de classe podem ser muito valiosos. Um dos melhores de que já ouvi falar envolveu uma classe de alunos de 10 e 11 anos que gostavam da poesia de Charles Causley. Eles perceberam que seus poemas podem ser agrupados em períodos de sua vida – sua infância, seu tempo na marinha, seu trabalho como professor e assim por diante. Eles selecionaram cerca de dez de seus poemas, arranjaram-nos de acordo com os períodos de sua vida, escreveram comentários narrativos que os vinculavam e, logo, depois de muito ensaio e edições de seu roteiro, apresentaram isso como uma performance para toda a escola em um programa chamado *Charles Causley em sua Poesia*. Posteriormente, a versão escrita foi encadernada em um livro e adicionada à biblioteca da escola.

O jogo de associação de palavras

Toda literatura é feita de linguagem. Qualquer coisa que a destaque é útil. Uma maneira simples de fazer isso é jogar o jogo da associação de palavras com, digamos, o título de um livro. Por exemplo, crianças de 10 anos, para não mencionar alguns adultos, muitas vezes, acham o poema de Hughes "I see a bear" um pouco difícil de entender. Eles não sabem como lê-lo. O jogo de associação de palavras ajuda, se você pegar cada palavra da primeira linha, "I see a bear", e procurar trocadilhos e possíveis significados: *bear* (urso) significando um animal e um trocadilho homônimo para *bare* (nu) é uma pista para o significado do poema em seu todo; como *I*, significando eu, e o *eye* (olho) sendo a parte do corpo com a qual você vê; enquanto *see*, significando olhar e perceber, entender, está no centro de tudo também.

Na leitura, a questão sempre é encontrar padrões, procurar conexões, manter a mente aberta às possibilidades.

O jogo de perguntas

Doug Hilker, do Departamento de Inglês do Runnymeade Collegiate Institute, no Canadá, sugere um "jogo" que se adapta particularmente às discussões do "Diga-me" sobre poesia, mas que funciona também com outros tipos de texto, em especial contos e romances.

> Cada aluno lê o poema e escreve três perguntas sobre ele que gostaria de responder. Em seguida, os alunos selecionam um parceiro, tentam responder às perguntas uns dos outros e chegam a três perguntas sobre o poema sobre o qual ainda gostariam de ter mais ideias. Na próxima etapa, duas duplas de parceiros se unem em um grupo de quatro e respondem às perguntas um do outro. Eles decidem sobre uma questão que apresentarão para discussão com toda a classe...
> A beleza do enfoque é o nível de envolvimento dos alunos. Eles estão todos interessados – afinal, estão discutindo suas próprias questões. Todos desempenham o papel de questionador e respondente. De muitas maneiras, senti que as aulas foram mais longe e mais profundas do que se eu tivesse feito todas as perguntas. (De Frank McTeague, *Shared Reading in the Middle and High School Years*, página 52).

A conclusão de Hilker, de que todos os alunos estavam interessados e a conversa foi mais longe e mais fundo porque estavam perguntando e respondendo suas próprias perguntas, está no cerne do enfoque "Diga-me". "Diga-me" é bem-sucedido pois enfatiza a importância da experiência do leitor com um texto e o fato de compartilhar sua leitura com outros "leitores igualmente qualificados" (frase de Wayne Booth).

Nota de encerramento

Resisti à tentação de terminar este livro com um floreio retórico porque o enfoque "Diga-me" continua se desenvolvendo à medida que mais professores o adotam. Não existe nenhuma completude: simplesmente continua evoluindo.

Muitas pessoas contribuíram para "Diga-me", que começou em 1980 com o grupo de estudos de Steve Bicknell, Irene Suter, Barbara Raven, Jan Maxwell e Anna Collins. Quando registros do trabalho de outros foram citados, seus nomes são reconhecidos aqui com gratidão.

Lissa Paul e Mary Sutcliffe comentaram em detalhes sobre os rascunhos desta versão ampliada do esboço original "Diga-me", que apareceu pela primeira vez no *Booktalk*. Como sempre, Margaret Clark deu ajuda editorial irrestrita. A edição combinada revisada tem uma dívida adicional com Mary Sutcliffe e Steve Bicknell.

Meus agradecimentos a todos eles.

Referências

AUDEN, W. H. Reading. *The Dyer's Hand and Other Essays*. London: Faber, 1963.

BOOTH, Wayne C. *The Company We Keep*: An Ethics of Fiction. Los Angeles: University of California Press, 1988.

BRUNER, Jerome. *Actual Minds*: Possible Worlds. Cambridge: Harvard University Press, 1986.

CHAMBERS, Aidan. *Booktalk*: Occasional Writing on Literature and Children. London: Thimble Press, 1995.

CULLER, Jonathan. *On Deconstruction*: Theory and Criticism after Structuralism. London: Routledge & Kegan Paul, 1983.

HOGGART, Richard. Why I Value Literature. *In*: *Speaking to Each Other*: About Literature. London: Chatto & Windus, 1970. v. 2.

ISER, Wolfgang. *The Implied Reader*: Patterns of Communication in Prose Fiction from Bunyan to Beckett. Baltimore: Johns Hopkins University Press, 1974.

KIMBERLEY, Keith; MEET, Margaret; MILLER, Jane (ed.). *New Readings*: Contributions to an Understanding of Literacy. London: A. & C. Black, 1992.

KRECH, David. *In*: BRUNER, Jerome Bruner. *Actual Minds:* Possible Worlds. Cambridge: Harvard University Press, 1986.

LEWIS, C. S. *An Experiment in Criticism*. Cambridge: Cambridge University Press, 1961.

McTEAGUE, Frank. *Shared Reading in the Middle and High School Years*. Ontário: Pembroke Publications, 1992.

MALLETT, Margaret. How Long Does a Pig Live? Learning from Story and Non-Story Genres. *In*: *New Readings*: Contributions to an Understanding of Literacy. London: A. & C. Black, 1992.

MATTHEWS, Gareth B. *Philosophy and the Young Child*. Cambridge: Harvard University Press, 1980.

MEEK, Margaret. *How Texts Teach What Readers Learn*. London: Thimble Press, 1988.

MOSS, Elaine. Them's for the Infants, Miss: Some Misguided Attitudes to Picture Books for the Older Reader (part two). *In*: *Signal*: Approaches to Children's Books, September 1978. v. 26.

MURDOCH, Iris. *Metaphysics as a Guide to Morals*. London: Chatto & Windus, 1992.

SAYERS, Frances Clarke. *Summoned by Books*. New York: Viking, 1973.

VYGOTSKY, Lev. *In*: BRUNER, Jerome. *Actual Minds, Possible Worlds*. Cambridge: Harvard University Press, 1986.

WATERLAND, Liz. *Read with Me*: An Apprenticeship Approach to Reading. 2. ed. London: Thimble Press, 1988.

WELLS, Gordon. *The Meaning Makers*. London: Hodder & Stoughton, 1987.

WERNER, John. *In*: OWENS, Graham; MARLAND, Michael. *The Practice of English Teaching*. Glasgow: Blackie & Son Limited, 1970.

WOLF, Maryanne. *Proust and the Squid*: The Story and Science of the Reading Brain. London: Icon, 2008.

SOBRE O AUTOR

Aidan Chambers nasceu em 27 de dezembro de 1934, em terras britânicas. Foi professor de Inglês e Dramaturgia entre 1950 e 1960 em escolas secundárias da Inglaterra. A partir de 1968, tornou-se autor de ficção e promotor de discussões acerca de literatura e leitura. Muitas de suas obras já foram traduzidas para diversas línguas. Seu livro Postcards from No Man's Land recebeu a Medalha Carnegie e o Prêmio Michael L. Printz. A Medalha Hans Christian Andersen lhe foi concedida em 2002 pelo seu trabalho como um todo. Em 2010 recebeu o Prêmio da National Association for the Teaching of English (NATE) por uma Vida de Serviços dedicados à Educação Inglesa. É membro da Royal Society of Literature.

É possível conhecer suas obras em seu site oficial: http://www.aidanchambers.co.uk

www.cortezeditora.com.br